KB264907

하루 일자리 미학

하루
일자리
미학

초판 1쇄 발행 2014년 8월 23일

지 은 이 김한성
발 행 인 권선복
편집주간 김정웅
편   집 양승완
디 자 인 김소영
전 자 책 신미경
마 케 팅 서선교
발 행 처 도서출판 행복에너지
출판등록 제315-2011-000035호
주   소 (157-010) 서울특별시 강서구 화곡로 232
전   화 0505-613-6133
팩   스 0303-0799-1560
홈페이지 www.happybook.or.kr
이 메 일 ksbdata@daum.net

값 15,000원

ISBN 979-11-5602-069-1   13320

도서출판 행복에너지는 독자 여러분의 아이디어와 원고 투고를 기다립니다. 책으로 만들기를
원하는 콘텐츠가 있으신 분은 이메일이나 홈페이지를 통해 간단한 기획서와 기획의도, 연락처
등을 보내주십시오. 행복에너지의 문은 언제나 활짝 열려 있습니다.

하루 일자리 미학

김한성 지음

2013년 12월 고용서비스우수인증기관 시상식

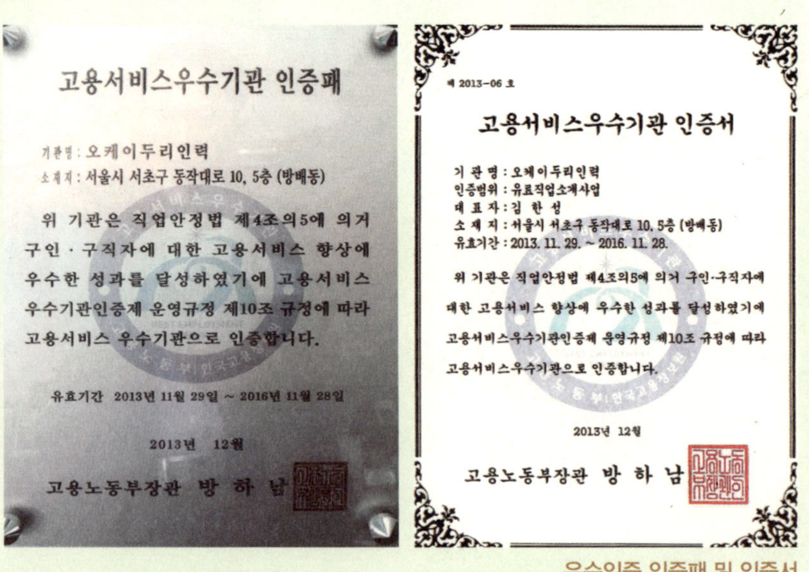

우수인증 인증패 및 인증서

2013년 12월 송년회 참석자 기념

고객만족 대상 시상식

관악산 여름수양회

근로자 정기등산

일드림협회 이사회 일동

파출비대위원과 일드림협회 단합대회

2014년 2월
마하나임 사이버신학교 졸업

2014년 2월
차녀 졸업식 기념
(서울시의회의장상 수상)

가족 셀카

아내와 가평 여행

2013년 10월 건설일용근로자 협동조합 정기회의

2기 조합장 선출총회

사무실 내부 전경

SBS 인력취재사진

SBS 대학생등록금마련 취재

현장사진 - 타일

현장사진 - 철거

현장사진 - 조적

현장사진 - 조경공사

현장사진 - 인테리어

현장사진 - 비계

나는 건설일용근로자를 현장에 보내는 일을 한다. 일용근로자는 일당을 받는 비정규직 근로자이다. 사정상 월급제, 고정급을 받지 않고 하루씩 근무한다. 이러한 건설일용근로자들을 전국 6천여 인력소개소에서 매일 40만 명을 현장에 보내고 있다. 이 글은 그분들과 인력업소 그리고 내 삶의 기록이다. 이러한 인력업계관련 책은 거의 없는 실정이다. 그래서 일용근로자와 인력업소에 대한 정보를 얻고 싶어도 아쉬움이 많았다. 나는 그런 분들에게 작은 정보라도 주기 위해 용기를 내어 집필하였다. 누군가 개척자의 길을 먼저 간다면 나중에는 따라오기 쉽다고 믿는다.

먼저 책 제목에 대해 고민을 하였다. 평범하면서도 함축적 의미를 담고 있어야 한다. 그래서 이름을 공모하여 『하루 일자리 미학』이라 정했다. 하루 일자리는 일용근로자를 다르게 표현한 신조어이고 미학은 아름다움에 대한 연구학문이다. 즉 일용근로자의 현실은 힘들어도 아름다운 미래를 연구하고 싶었다. 그러나 나의 역량부족으로 인해 책을 쓰는 내내 한숨을 내쉰 적이 한두 번이 아니었다. 어찌되었건 이 작은 정성이 일용근로자와 인력업소에 실제적 도움을 준다면 그 이상의 보람은 없을 것이다.

나는 초등학교부터 5년간 신문을 돌렸고 고등학교, 대학교 때 일당 일용직을 많이 경험해 보았다. 궁극적으로 지금 현제 일용직으로 일하시는 분들께 단순히 현실에 머물지 말고 나의 실패와 좌절 극복 사례를 참고 삼아 보다 나은 미래를 설계하기를 바란다. 한심해 보일지도 모른다.
내가 뭐 잘났다고 나의 삶을 남에게 밝히려는가?
그러나 나의 지난 삶의 여정을 정리하며 내일의 거울로 삼고자 한 나의 욕심이다.

신앙을 언급한 것은 현재 보이는 세계만이 아니고 영원한 세계를 알고 하나님을 알면 삶이 달라진다고 믿기 때문이다. 나와 전혀 어울리지 않는 신앙 언급은 못나고 부족한 나에 대해서가 아니라 전지전능하면서도 매우 인간적이신 하나님을 얘기하므로 신나게 소개하였다!

나는 5년 전만 하더라도 이런 인력사업을 하리라곤 꿈에서도 생각을 해 본 적이 없다. 우연한 기회에 유료직업소개소인 인력사업을 하게 되었지만 시간이 갈수록 정말 잘 선택한 직업이라는 생각이 든다. 매일 새벽 3시 반에 기상하는 번거로움도 있지만 아침 7

시면 출력 일을 마치게 된다. 사무실에는 갖가지 사연을 가진 분들이 등산 배낭에 작업복, 안전화를 넣고 나온다. 불과 몇 개월 전엔 어엿한 중소기업을 이끌던 사장님, 건설현장 기술자로부터 고시원에 살고 있는 일당 근로자까지 계층도 다양하다. 기존 선입견으로는 그분들이 와일드하고 좀 거친 사람들이라고 생각하였지만 전혀 그렇지 않았다.

대다수 분들은 누구보다도 마음이 여리고 자기 분야에 대한 자부심도 크다. 그리고 작은 정에도 정말 고마워할 줄 안다. 이제는 내가 일자리를 주는 사람이 아닌 그분들에게 무언가 배우고 있다는 느낌을 받을 때가 많다. 그래서 나는 작은 것이라도 주고받으려 노력하고 있다. 하루 힘든 일을 하고 사무실에 돌아오면 "아이구! 정말 수고 했습니다."라는 반가운 인사부터 하고 따끈한 커피를 타 주기도 한다. 마음을 나누는 사람은 누구나 친구가 된다. 나이와 경험에 상관없이 나는 마음을 나누고 싶다. 그러기 위해서는 내가 먼저 배려하고 존중해야 한다.

그러면 그 반응이 너무도 쉽게 돌아온다. 일당노동자 즉 하루 일자리를 하는 분들은 어려운 역경 속에 있기 때문에 오히려 이웃의 고통을 공감하고 돕고자 하는 의지도 강하다. 나는 그 운전대 역할을 해 주고 싶다. 우리 오케이인력은 하루 출력인원은 많지 않더라도 복지와 공감대 측면에서는 선두주자로 손색이 없다고 자부한다. 야유회와 등산대회를 하고 출력자 자녀에게 장학금도 주고 있

다. 모두 한두 푼씩 성금을 모아서 일정 기금이 되면 운영위원회와
협의해 수시로 자금집행을 한다. 또한 작업자에게 장갑, 각반, 컵라
면, 생수 물병 등을 무료로 제공한다.

재원은 자발적인 성금에 더해 회사에서 일정 금액을 지원해 준
다. 처음에는 손해 보는 느낌이었는데 이제는 모두들 즐겁게 동참
하고 있다. 그리고 회사에 대한 소속감도 크기에 다른 인력업체로
거처를 잘 옮기려 하지도 않는다. 나는 일용근로자 그분들에게 애
착감도 크지만 작은 아쉬움도 있다. 개인적으로 좀 더 성실하면서
돈을 아끼고 보다 나은 미래를 위해 삶의 목표를 정하고 도전해 보
았으면 한다. 하지만 이제는 생각을 바꾸기로 하였다. 무엇을 변화
시키는 것이 스스로의 힘으로 너무 어렵다는 것을 깨달았기에 그
분들에게 바라지 말고 내가 먼저 실천하기로 하였다.

현재 일용근로자는 4대 보험, 노후 퇴직연금 등 모든 부문에서
거의 무방비 상태이다. 나의 작은 날갯짓이 더 큰 바람으로 바뀌는
시금석이 되길 기원한다. 이 책은 1부에서 인력업계와 일용근로자
의 현황과 문제점 그리고 대책을 제시하였다. 2부에서는 내가 살면
서 느꼈던 성공요인과 후회되는 일들에 대안을 살펴보았고 3부는
삶에 있어 매우 중요하면서도 크게 방황하였던 나의 종교생활과
비교하여, 참되고 파워 넘치는 믿음생활의 비결에 대해 진지하게
모색하였다.

이상의 글들은 나의 직업과 삶에 대해 미래방향을 정리하는 차

원에서 기록하였다. 필자는 성격이 급하고 미련한 점이 참으로 많은 사람이기에 어떤 내용은 일방적 주장이 될 수 있다. 하지만 늘 진지하고 치열하게 살려던 한 남자가 깨달은 삶의 기록들이 누군가 1명에게라도 조그만 디딤돌이 되었으면 한다.

이 책이 나오기까지 많은 분들의 격려와 헌신적인 뒷바라지가 있었다. 먼저 사랑하는 아내와 두 딸 진주, 보배 그리고 물심양면으로 도와준 손영훈 박사님께 고마움을 전한다. 또한 추천서를 흔쾌히 써주신 유용태 장관님과 김용태 의원님, 안효준 협회장님, 김청만 변호사님께 진심으로 감사를 드린다. 아울러 책 쓰는 틈틈이 자문과 지원을 아끼지 않은 이동언 벗, 심용석 친우, 금용호 형, 김장배 국장님, 김현수, 김계원, 신현봉 사장님 그리고 늘 마음으로 함께 해준 존경하는 동생 미정, 홍승주 매제와 기쁨을 함께하고 싶다. 끝으로 늘 기도로 밀어 준 윤형선 목사님, 이종한, 이명섭, 김홍수, 임병철 집사님 덕분에 이 책이 출간 되었다고 보며, 행복에너지 권선복 대표님의 크신 배려에 고마움을 표한다. 이 모든 영광은 하나님께 드리면서…

2014년 8월 방배동 집무실에서

김한성

추천사

전 노동부장관 **유 용 태**

　건설인력업계 민간부문 최초의 책이 나와서 무척 반갑습니다. 그동안 관련정보를 얻고 싶어도 건설일용근로자와 인력업계에 대한 정보가 거의 없어 불편함이 많았습니다. 하루 전국에서 40만 명 이상 일하는 건설일용근로자는, 산업현장에서 매우 중요한 역할을 담당합니다. 모든 기업체가 필요한 때, 필요한 장소에 원하는 근로자를 보내주는 건설인력업소는 앞으로 그 가치가 더욱 소중해질 것입니다. 인력업체의 근로자들 없이는 그 어떤 건물도 지을 수 없고 그 어떤 공사도 제대로 진행될 수 없습니다. 게다가 인력업소는 저소득층의 생계에도 중요한 역할을 담당합니다. 당장 돈 몇 만 원, 몇십만 원이 필요한 서민들에게 하루 일이 끝나고 바로 그 노임을 지불해주는 시스템은 없어서는 안 될 사회 안전망입니다. 그래서 건설인력업체는 국가가 해야 할 일을 대신한다고 할 수도 있습니다.

　김한성 대표는 평소 인력업계와 건설일용근로자의 일자리창출과 지위향상을 위해 많은 고민을 했습니다. 특히 작년에는 고용노동부로부터 인력업계 최고 수준의 고용서비스우수인증기관으로 선정되었고, 아울러 일드림협회 홍보위원장직을 맡아 근로자들의 권익 향상을 위해 적극적으로 활동하고 있습니다.

　아마도 이 책은 열악한 업계 실상을 알리고, 대안을 제시하는 데 큰 도움이 되리라 봅니다. 본인은 한때 김 대표와 사회단체 활동을 함께하면서, 그의 성실한 삶과 적극적인 자세에 큰 감동을 받았습니다. 그는 어떠한 현실적인 어려움이 있더라도 "옳은 가치를 추구"하며, 고난을 극복했습니다. 저는 이 책이 열악한 건설인력업계의 실상을 알리고, 대안을 제시하는 책이라고 생각합니다. 이 책은 건설일용근로자들을 위한 정책수립의 기초자료가 될 것입니다.

모든 국가는 국민의 의식주와 문화를 책임져야 합니다. 그러나 때로 그것은 먼 나라의 이야기나 이상향理想鄕의 꿈으로 여겨집니다. 국가가 모든 개개인의 삶을 보살피는 일은 쉬운 일이 아닙니다. 그럴 때 국가는 국민의 자발성을 믿을 수밖에 없습니다.

나보다는 우리를 생각하고, 나의 봉사로 남의 삶을 보듬어 주는 사람들이 있습니다. 국가는 그런 분들의 자발성에 기초해 보다 튼튼한 사회안전망을 갖출 수 있습니다. 저는 김 대표가 그런 사람임을 압니다. 국가가 어쩔 수 없이 빛을 보낼 수 없는 곳에 빛이 되어 주는 사람. 아름다운 국민, 아름다운 사람입니다.

이 책이, 그리고 김 대표가 건설 일용 근로자분들의 자부심을 향상시키는 데도 큰 기여를 할 것이라 믿습니다. 김 대표의 발걸음에 박수와 지지를 보냅니다.

2014년 7월

유용태

추천사

국회의원 **김 용 태**(새누리당)

　국회의원과 인력소장은 각각의 업무는 다르지만 같은 점이 있습니다. 국회의원은 국민의 목소리에 귀를 기울여야 하고 인력소장은 일용근로자의 목소리에 귀를 기울여야 합니다. 저는 김한성 대표의 모습을 보며 '저 분도 사회를 위해 저렇게 땀을 흘리는데 국민의 대표인 내가 어떻게 편한 잠을 잘 수 있나?' 하며 반성을 하게 됩니다.

　OK 인력사무소에는 "고객 감동, 옳은 가치 추구!"라는 문구가 걸려 있습니다. 고객을 감동시키려는 김 대표의 마음과 국민을 감동시키려는 저의 마음이 같습니다. 저소득층 사람들을 고객으로 대하며 겸손히 섬기는 자세는 옳고 바른 길입니다. 그러한 낮은 마음이기에 김 대표는 일용근로자에게 무상으로 장갑, 컵라면, 생수 등을 지급했습니다. 또 그 마음을 발전시켜 『하루 일자리 미학』이라는 책을 집필했습니다.

　그동안 일용근로자가 100만 명이 넘어섰어도 그분들과 인력업소에 관한 안내 책자 하나 제대로 없는 실정이었습니다. 이 책을 계기로 일용근로자와 인력업계의 어려움이 세상에 알려지길 바랍니다. 저 역시 더욱더 귀를 기울이겠습니다.

2014년 8월

(사) 건설일용근로자 일드림협회 회장 **안 효 준**

　먼저 김한성 홍보위원장의 책 출판을 진심으로 축하드립니다. 일드림협회는 작년에 노동부 인가를 받아서 일용근로자와 인력업계를 대변하기 최선을 다하고 있습니다. 체불 노임 해소와 일용 근로자의 복지 향상은 당면한 가장 큰 업무입니다. 그런 업무에 김 홍보위원장은 늘 앞장섭니다. 사람과 사람 사이, 사람과 집단 사이, 집단과 집단 사이에는 서로 이해가 상충될 수 있습니다. 그러면 그 관계자들을 만나 설득하고 필요시 법적 소송도 과감하게 진행해야 합니다. 김 홍보위원장은 김경미 파출생존 비대위원장과 함께 외식업중앙회의 불법적 무료소개업을 꼭 저지하리라 믿습니다.

　전국에 인력사는 1만여 개 되고 건설근로자공제회에 등록된 일용근로자도 400만 명이 넘었습니다. 그러나 이들을 대변할 관련 협회의 활동과 힘은 미비했습니다. 이 책은 인력업계와 일용근로자의 과제를 매우 진지하게 모색했습니다. 그것은 미래의 청사진을 제시하는 일입니다. 공사다망한 가운데 업계 발전을 위해 좋은 책을 써 주어 진심으로 고맙게 생각합니다. 인간 김한성은 우리 일드림협회에서 없어서는 안 될 정말 귀한 사람입니다.

　"고생 많으셨습니다!"

2014년 8월

안 효 준

추천사

마음과 행동 법률사무소 대표 변호사 **김 청 만**

'하루 일자리'의 삶을 살아가는 사람들은 당장 오늘 하루의 일자리는 해결이 되지만 내일의 일자리는 보장할 수 없습니다. 그래서 그들은 늘 불안하고 초조합니다.

이 책의 저자는 베트남에 진출하여 사업을 하면서 소위 '사장' 자리에 있다가 하루아침에 '현장 건설일용근로자'로서의 삶을 살았습니다. 그러나 자신의 인생에 불어닥친 불행을 원망하지 않고 분노하지 않았습니다. 절망의 울타리는 넘어서면 그만이었기에 자신의 삶을 늘 긍정적으로 받아들이며 고된 환경을 극복하기 위해 땀을 흘렸습니다. 그것이 아름다움으로 승화된 삶의 진면목입니다.

저자가 이렇게 '희망의 달인'이 된 이유는 무엇일까요? 그것은 저자가 인생의 역경 속에서 발견한 '구원의 보혈'입니다. 저자는 감당할 수 없는 역경 앞에서 아무런 힘없이 무너지는 '나'를 목도했습니다. 그리하여 '나'를 믿는 마음에서 벗어나 '하나님'을 믿는 제2의 삶을 살고자 했고 어떤 삶의 어려움도 감사함으로 받을 수 있는 새로운 '미학'을 만들어 냈습니다. 이것이 바로 우리가 김한성 대표를 존경하고 사랑할 수밖에 없는 이유입니다.

2014년 8월

PART 1
건설일용근로자의 현황과 사업관련 사항

CONTENTS

PART 1
건설일용근로자의
현황과
사업관련 사항

1. 나는 왜 건설인력 사업을 하게 되었나?

　　나는 건설현장에 일꾼을 보내는 일을 한다. 신기하다. 내가 이런 사업을 하게 되다니. 불과 5년 전 2009년 2월 말에 나는 베트남에서 공장건축사업을 하다가 실패해 무일푼으로 귀국했다. 그리고 어쩔 수 없이 예전에 하던 부동산 빌딩매매중개를 하였지만 수입은 전혀 없었다. 결국 주머니를 탈탈 털어봐야 먼지밖에 나오지 않게 됐으니 어쩌겠는가? 일용직 잡부 일을 나갔다. 처음 찾아간 곳은 어린이대공원역 근처였다. 우리 집이 있는 송파동에도 인력사무소는 있었으나, 혹시 아는 분이라도 만날까 봐 집에서 떨어진 먼 곳으로 갔다. 첫날 인력사무소에 도착하니 06시 10분 경이었고 일은 거의 끝나가고 있었다. 낙담하고 앉아 있으니 "곰방 할 사람 있나요?"라고 소장님이 물어보는데, 반가움에 모두 고개를 돌렸다. 나는 일을 무조건 해야 하는 다급한 상황이었다. 곰방이 무슨 일인지도 몰랐으나 무조건 "제가 갈게요." 대답하고 직업소개료 1만 원을 미리 주었다.

전철과 버스를 번갈아 타며 성북동 빌라 신축현장에 도착했다. 그제서야 나는 곰방이 무거운 물건을 등짐으로 옮기는 것이라는 것을 알았다. 지상에서 벽돌 35장, 약 35kg 등짐을 지고 2~3층까지 올라 미장공 앞에 놓는 일이었다. 다섯 번째 벽돌을 지고 계단을 오를 때부터 다리가 후들거렸다. 그래서 벽돌을 30장으로 줄여 몇 번 져 날랐더니, 지켜보던 현장 소장이 "아저씨 이리 와 보세요. 이런 일 안 해봤지요? 보통 40장은 져야 하는데 이렇게 해서는 도저히 안 됩니다. 차비로 만 원 드릴테니 집에 가세요!"라고 매정하게 말했다. 나는 자존심이 상했다. 고향 제천에서 어릴 때 나뭇짐을 지던 기억이 떠올랐다. "소장님! 제발 일하게 해 주세요. 일하는 양만큼만 노임 주시면 됩니다."라고 간청했다. 목소리가 떨렸을까? 눈망울이 떨렸을까? 소장은 '휴' 한숨을 내쉬며 돌아섰다. 나는 그날 벽돌 2,500장을 져 올리고, 노임 9만 원을 받았다. 극적인 데뷔였다.

이후에 매주 2~3번씩 꾸준히 일용근로를 하였다. 나중에는 우리 집 인근 두리인력으로 옮겼다. 일당 막일을 나가면서, 인력사업에 매력을 느꼈다. 초기자금은 3천만 원 정도 있어야 되지만 수익성, 시간적 여유 등에서 해볼 만한 사업 같아 보였다. 물론 위험요소도 발견됐다. 그러나 당시의 나로서는 다른 선택지가 없었다. 뒤에 별도로 사업과정에 대하여 상세히 기술하겠지만, 그 당시 인력사업 선택은 나쁘지 않았다. 아니 탁월했다. 만약 내가 이 일을 안 했다면 지금도 부동산중개 일을 하며, 생활고와 걱정에 빠져 살고 있을 것이다. 이런 선택을 하게 해주신 하나님께 감사한다!

2. 국내 인력소개업소 운영실태

인력업소는 일당제 일용직과 월급제 상용직에 대한 유료 직업 소개업소이다. 이러한 인력 직업 소개는 구인 및 구직 신청을 받아 구인자 또는 구직자를 탐색하거나 모집하여 상호간에 고용계약이 성립하도록 알선하는 일이다(직업안정법 제2조). 직업소개 종류는 수수료, 회비 등을 받지 않는 무료직업소개소와 유료직업소개소로 나뉜다. 유료직업소개소의 주요 분야는 건설 인력, 음식점 파출부 등의 일용직과 가사 및 식당 도우미, 경비원, 미화원 등의 월급제 상용직이다. 이때 일용직 근로자는 하루씩 일당 노임 받는 것을 원칙으로 한다. 현실적으로 구인, 구직자 모두에게 책임 있게 고용서비스를 제공하기 위해서는 유료직업소개소만이 가진 장점이 크다.

국내 유료직업소개소는 2012년 9월 기준 9,304개이며, 그중에 건설인력업을 단독 또는 병행하는 소개업소는 6,000여 개로 추정된다. 또한 사무실을 운영하는 인원은 1~2명이 87.4%이며, 3~4명은 8.8% 그리고 5명 이상은 3.8%의 압정형 구조를 보이고 있다. 직업알선 직종은 건설일반인부 54.2%, 파출부 19.6%, 식당종원업 13.2% 순이었다(2013년 2월 고용정보원 발간, 업무절차개발 책자 발췌 정리).

이처럼 유료직업소개소 중에 건설인력 취급 업소는 1~2명 종사자가 대다수를 차지한다. 즉 영세한 인력업체가 대부분인 실정이다. 업체당 일을 보내는 평균인원은 일일 기준 19명 이하가 20%이고, 20명~40명이 70%이며, 41명~70명이 6%, 71명~100명이 3%, 101명 이상 대량출력업소는 1% 수준으로 추정된다(2013년 5월 오케이사업매뉴얼 발간, 자료 참조).

따라서 상당수 인력업체는 현상유지에 급급한 수익만을 올리고 있는 실정이다.

3. 건설일용근로자의
당면과제는 무엇인가?

건설업계는 건설일용직 일당근로자는 100만 명으로 추산하고 있다. 놀라운 사실은 그들의 목소리를 대변할 단체와 노조가 없다는 것이다. 길거리에서 리어카 영업을 하는 노점 상도 전노련(전국노점상연합회)이라는 강력한 단체 소속이다. 그들이 서울역 앞에서 집회를 하면 3,000명이 모여 노점허가제 중단, 노점상 과태료 부과중단 등을 외친다(서울뉴스. 2013. 6. 12일자). 전국적 조직망이 잘 짜여 있고, 종사자는 100만 명이라고 주장한다. 전택련(전국택시노동조합연맹)도 비슷하다. 그들은 노조를 만들어서 대중교통법을 발의하고, 버스-지하철 환승제도의 정책적 대안을 제시한다. 전국에는 30만 명(2012

년 기준)의 택시기사가 있다. 이들은 10시간 운전, 월급 120만 원의 저임금노동 타파를 외친다(전택련 홈피 참조).

그러나 100여만 명의 건설일용근로자는 입장을 대변할 단체가 없다. 뭉치지도 못한다. 근로자들이 스스로 단결해 근로조건 개선, 복리증진, 경제·사회적 지위를 향상시킬 기회가 전혀 없다. 그야말로 정부의 처분만 바라보고 있다. 이들은 하루 벌어 하루 살기에도 힘들어 자신의 장래와 주변을 돌아 볼 마음과 시간이 없다.

필자는 건설일용근로자들도 그들의 입장과 권익을 대변할 단체를 있어야 한다고 생각한다. 또 분명 그럴 수 있다는 희망을 가지고 있다. 나는 지난 5년간 그들과 동고동락하면서 그들의 고민이 무엇인지 알 수 있었다. 다행히도 요즘 건설일용근로자 입장과 권익을 대변할 단체가 신설되어 있다. 관련 신설 협회와 건설일용근로자협동조합 등을 통해 근로자들이 깨어나고, 힘을 합쳐서 공생의 길을 모색하고 있다. 이제부터 그분들의 현실적인 고민과 대안을 알아보자.

1) 누가 일용근로자 일을 하는가?

일용근로자 일을 하게 된 사람들의 사연은 매우 다양하

다. 학교졸업 후 처음부터 막일하는 사람은 드물고, 다른 일을 하다 실패하거나 월급제가 싫어서 온 경우가 많다. 이러한 일용근로자의 가장 큰 장점은 매일 일당 노임을 받는 것이다. 편의점 알바도 일주일, 일 개월 단위로 급여를 지급받는데 매일 노임을 받는 것은 아주 큰 장점이다. 따라서 급히 돈이 필요할 때에 일당제는 매우 유용하다. 그러나 계획성 없는 돈 관리는 하루살이 인생으로 전락하는 지름길이다. 요즘은 투잡Two job을 하는 사람이 많다. 정상적 직장의 월급을 받아도, 일용직 일을 하는 사람이 늘어나고 있다. 앞으로 선진국으로 나아가고 사회가 복잡해 질수록, 비정규직과 일용근로자는 더욱 증가할 것이다. 이처럼 일용근로는 일상화되었고, 누구나 그런 일을 할 수 있는 시대가 다가와 있다.

쓰리 잡(3 job)으로 3명 몫을 사는 남자

봉춘 씨는(가명, 이하 동일) 나이 45세, 세 가지 일을 하는 사람이다. L마트에서 영업직으로 근무하고, 야간에는 각종 알바, 매주 2회 일용근로 3가지를 동시에 한다.

"투 잡은 우스워! 쓰리-잡 정도는 돼야 땀 좀 흘리고 산다 하지."

다른 사람의 시선은 아랑곳 않고 곧잘 내뱉는 말이다. 그렇다고 그런 봉춘 씨를 싫어하는 사람은 아무도 없다. 단정한 외모에 늘 웃는 얼굴로 사람들을 대한다. 일처리도 깔끔하고 신속해서 그가 한 번 일한 곳은 다시 그를 찾기 다반사다. 45세의 나이는 인력사무소에서 젊은 이로 통한다. 젊고 싱싱하고 희망 넘치는 인력사무소를 만드는 데 한몫 단단히 하는 봉춘씨다.

봉춘 씨는 7살 아래의 아내와 사내 결혼했다. 그리고 원준이, 소영이, 1남 1녀를 두고 있다. 늘 최선을 다해 살려는 긍정적 에너지로 가득한 사람이기에 가정생활도 원만하다. 봉춘 씨는 경남 산청에서 소작농 집안의 4남 1녀 가운데 막내로 태어나 힘겨운 어린 시절을 보냈다. 그러나 형제들이 잘 자라 주었다. 본인은 고졸 출신이지만 형님 3명은 모두 대학을 나와 목사, 보험사 중역, 중소업체 사장이다. 봉춘 씨는 이 모두가 부모님의 공로라고 믿는다. 특히 어머니는 이천여 평 논밭 소작 농사를 지었지만 그 일로는 도저히 자식들을 대학에 보낼 수 없다고 생각하셨단다. 그래서 약장수를 하셨다. 가정상비약을 머리에 이고 집집마다 방문하여 약을 팔았다. 잠잘 곳이 없어 남의 집 부엌에서 가마니를 깔고 잘 때도 많았다. 지금도 그런 어머니를 생각하면, 마음이 아프기에 더 열심히 살게 된다고 한다.

봉춘 씨는 고향에서 고등학교를 마치고 해병대를 자원입대하였다. 제대 후에는 젖소 목장에서 일하고 1995년 L마트에 입사하여 고졸 출신 최초 과장이 되었다. 그런데 주위의 눈초리가 사나웠다. 고졸이라는 이유였다. 주위의 견제와 모함 이겨낼 수 없었다. 그래서 지금 한직으로 밀려나서 좌절의 시간을 보내고 있다. 그러나 나는 봉춘씨가 곧 화려하게 복귀하리라 믿는다.

"저한테 일용직 근로는 정신적 치유와 회복의 시간이에요."

이런 말을 할 수 있는 것은 절대 쉬운 일이 아니다.

봉춘 씨가 현재 회사(L마트)에서 받는 연봉은 4천만 원 이상이다. 일당 노임은 회사에서 억울한 누명을 쓰고 한직으로 밀려나 좌절되었던 마음에 특별 보너스, 격려금이라고 여긴단다. 과거 명예손상으로 매일 술로 위로 받았던 그가 일용근로 밑바닥 일을 하면서 오히려 감사와 위로를 받는다. 자신의 고뇌는 사치라는 것도 알게 되었다. 그런데 봉춘 씨의 좌절은 웃음거리밖에 안 되는 그런 사연의 주인공들이 인력사무소에는 수두룩하다.

"이거 진짜 대박인데요. 스카웃 제의도 받고 창업 아이템도 찾았어요."

봉춘 씨에게 자기 회사로 오라는 스카웃 제의도 왔다고 한다. 그리고 그의 적극적이고 날카로운 눈은 수많은 창업 아이템을 찾아냈다. 사무실, 가정집 청소사업, 인테리어 사업 등….

봉춘 씨는 청년 실업자와 퇴직의 불안에 떠는 사람에게 말한다.

"일단 인력사무소에서 3개월 버티면 회사 스카웃과 창업 아이템을 충분히 발견할 수 있습니다요." 하였다.

수개월 전에는 "소장님 드디어 책이 나왔어요."라며 책 원고를 보여 주었다.

봉춘 씨는 "나의 5급 인생"이라는 제목으로 전자책을 출간했다. 영화 시나리오도 준비 중이란다. 봉춘 씨는 일용근로를 통해서 아이디어를 발견하고 미래에 도전한다. 단순히 돈만을 버는 것이 아니라 자아실현 중이다.

2) 건설일용근로자는 무슨 일을 하는가?

건설인력은 전문기능을 보유한 기공과 이들을 도와주는 잡부, 조공으로 구분한다. 흔히 "노가다"라고 부르는 막일은 잡부, 조공(데모도라고도 한다)의 일이다.

기공은 미장, 목수, 조경, 용접 등의 일에 전문 지식을 가진 사람들인데 기공분야 중 형틀목수, 공구리공, 아시바공, 철근공, 용접공, 조적공, 미장공 등을 전문으로 소개하는 인력업체가 있다. 이들은 노임대불(대신지불, 싸인지) 방식으로 일을 하는데 인력업소가 약 1개월 간 건설업체 대신 일당 노임을 선지불하고, 30~40일 후에 건설업체로부터 수금하는 방식이다.

작업 특성상 배관설비, 전기공, 메지공, 타일공, 페인트공, 방수공, 내장목수 등은 인력업소를 거치지 않고, 개별적으로 구인자와 직거래를 통해 일을 많이 한다.

이처럼 인력업소는 다양한 직종을 소개하지만 하루 평균 건설현장에 20~40명 보내는 대다수 업체는 잡부, 조공 위주다. 그 분야는 굉장히 넓어 자재정리, 사모래, 각종철거, 곰방, 양중, 땅파기, 청소 등을 담당한다. 없어서는 안 될 건설현장의 감초다.

횟집 사장을 거쳐 인력사무소에 나오다

수민 씨는 건설회사 토목기사였다. 퇴직 후 사당역에서 낙지 전문점을 운영했지만 실패했고, 다시 횟집을 하다가 또…. 3개월 전부터 일용근로자를 하고 있다. 지금 부인과 초등학교 6학년 딸과 함께 방배동에 살고 있다. 수민 씨는 전남 장흥 태생으로 41세다. 지방대 92학번 토목과를 졸업하여, 현진에버빌 현장에 근무하다 97년 10월 IMF를 맞았다. 세상의 경제구조가 성실히 살려는 청년의 의지를 무참히 꺾어버렸다. 이후 2003년, 아버지의 권유로 사당역 먹자골목에서 70평 낙지전문점을 인수하였다. 작은아버지가 운영하시던 집이었고 장사 잘되기로 소문난 집이었다. 어느 날 갑자기 작은아버지가 중풍으로 쓰러지시고 수민 씨가 점포를 넘겨받게 되었다.

그러나 수민 씨에게는 역부족이었다. 낙지전문점은 보증금 4,500만 원 월세 800만 원이었지만, 수도. 전기료를 합하면 1천만 원이 넘게 나왔다. 산낙지는 가격 변동폭이 극심하다. 비수기에는 1Kg 3,000~4,000원이나 성수기에는 2만 원까지 치솟았다. 성수기 때 번 돈으로 비수기에는 손해를 메꾸는 방식이었다. 결국 수민 씨는 2012년 권리금 반값에 점포를 넘겼다. 그리고 서초동 남부터미널역 부근에서 25평 규모 횟집을 운영하다 처남에게 맡기고 은행채무 6천만 원 원리금을 갚기 위해 인력사무소에 나왔다.

신의 존재를 의심케 하는 사건은 연이어 일어났다. 아내는 수개월 전에 갑상선암 진단을 받았다. 초기단계에서 수술을 성공적으로 받고 집에서 휴양 중이지만, 그 맘고생이 이만저만이 아니다. 빚과 아

3) 건설일용근로자의 일자리 제공과정은?

건설일용근로자는 매일 노임(일당)을 받는 것을 원칙으로 한다. 하루 벌어 하루 먹고산다는 말이다. 처절한 생존방식이다. 건설일용근로자는 인력업소에 의한 직업소개와 길거리에서 구인자가 직접 근로자를 데리고 가는 두 가지 유형이 주를 이룬다. 차이점은 직업소개료 지불유무이다. 인력업소는 일당 노임 대비 10% 소개료를 받는다. 하지만 길거리인력, 일명 '새벽인력시장'에서 구인자가 근로자를 직접 선택해 데려갈 때는 소개료를 줄 필요가 없다. 그러므로 소개료 지급을 원치 않는 일용근로자는 길거리 '새벽인력시장'에서 구인자를 무작정 기다려야 한다. 만일 구인자를 못 만나면 그냥 집으로 돌아가야 한다.

매년 3월 이후는 인력시장의 성수기다. 정상적 인력업소는 대부분의 구직자를 현장에 보낸다. 즉 인력사무소에 나오면 대다수 근로자는 현장 일을 할 수 있다. 하지만 성남 복정동, 서울 남구로역 등 수도권 대표적 길거리 인력시장(일명: 새벽시장)에는, 성수기에도 불러주는 사람이 없어 쓸쓸히 귀가하는 사람이 많다. 그렇다면 길거리 인력시장 구직자가 허가 소개업소를 찾지 않는 이유는 무엇인가? 이는 직업소개료 10%를 주기 싫은 이유가 가장 크다. 반드시 일을 하려는 일용근로자는 비록 소개료를 주더라도, 인력사무소를 통하는 방법을 택한다. 일용근로자는 대다수 하루 일당을 벌지 않으면, 당장의 생계에 지장을 초래하기에 지속적 일자리 제공이 필요하고 그래서 인력사무소의 역할이 중요하다.

건설일용근로자 노임지불은 일당과 급여제를 혼용한다. 근로자의 기능이 일정수준에 도달하면, 구인자는 일당제 대신 근로자에게 주급 또는 월급을 제시하며 스카웃하는 경우가 흔하디 흔하다. 그때 구인자는 1일치 노임을 기준으로 최소 3일 또는 1주일, 2주일, 1개월 단위로 작업일수 만큼 일용근로자에게 급료를 지불한다.

영화배우를 꿈꾸던 마마보이

선우 군은 22세로서 군 입대를 3개월 앞두고 있다. 서울대입구역 부근 6평 원룸에서 혼자 살고 있다. 생활비 때문에 인력사무소에 매월 1주일 정도 나온다. 선우 군의 고향은 경남 창녕. 부모님은 생존해 계시고, 27세의 누나는 서울대를 나와 프랑스 유학 중이다. 어머니는 농협에 다니고 아버지는 음식점을 하시다가 지금은 8천 평의 대지에서 나무 키우는 묘목원을 하신단다. 그런데 안타깝게도 아버지가 한달 전에 검지, 중지 2개가 잘리셨다. 예초기 때문이었다. 선우 군의 여린 마음이 얼마나 아플 텐가?

선우 군은 입대 전까지 아버지 농장 일을 돕고 싶지만, 그렇게 못하는 사연이 있다. 연기수업 때문이다.

선우군은 대구한의대학 실버스포츠산업과를 입학하였다가 휴학계를 내고, 원래부터 꿈이었던 연극영화과를 지망했으나 떨어졌다. 당시 중앙대 연극영화과는 15명 모집에 3천 명이 몰려서 200대 1의 경쟁률이었다. 배우수업 과외선생님은 선우 군의 배우자질에 대해 "의욕은 있는데, 의지력이 없다."는 평가를 했다고 한다. 어떻게 보면 선우군 은 전형적인 마마보이, 엄친아이다. 지금도 원룸 월세를 어머니가 부쳐주고 있다. 큰 고생 없이 자랐기에 무엇을 해보려는 도전정신과 의지력도 약한 편이다. 하지만 반듯한 부모님께 가정교육을 잘 받아서 예의가 바르다. 선우 군은 2013년 초 선배 소개로 처음 일용근로를 나왔다. 당시는 초보자로서 어리둥절 우왕좌왕했지만, 지금은 혼자서도 잘한다. 군대는 소심한 성격을 바꾸기 위해 공수부대를

4) 건설일용근로자의 하루 일과는 어떠한가?

일용근로자는 아침 새벽 5~6시 사이에 인력사무소에 도착해야 한다. 인력업소 사무실 문을 여는 시간은 통상 4시 20분에서 5시 반이다. 남구로역 인근처럼 하루 수천 명을 출력하는 곳은 문 여는 시간이 더 빨라서, 5시 반이면 출력업무가 거의 종료된다. 출력을 나가지 못한 사람은 대개 7시까지 인력사무소에서 대기한다. 추가로 들어오는 일을 기대하는 것이다. 근로자는 일거리를 받게 되면 신속히 현장으로 이동한다. 지역적 특성상 승용차나 승합차로 가기도 하지만, 일반적으로 버스나 전철을 갈아타고 간다. 아침식사를 하려면 늦어도 7시까지 현장에 도착해야 한다. 아니면 아무것도 먹지 못하고 힘든 막노동을 해야 한다. 물론 본인 돈으로 사 먹을 수는 있다. 그러나 일당 9~10만 원 벌겠다고 새벽별 보고 나온 구직자 중 어떤 이가 육칠천 원의 아침을 사먹겠는가? 구인자 입장에서는 일을 늦게 시작하는 사람에게 식사비 지출하는 것이 아깝겠지만, 사실은 조금 늦

은 근로자에게도 밥을 사주는 것이 좋다. 일의 능률을 생각
해보면 알 수 있는 일이다.

　요즘 잡부 일당은 최소 9만 원~10만 원이다. 일단 일을
나가면 잘해도 못해도 노임은 동일하다. 그러므로 빈속으로
일하거나 자기 돈으로 사 먹고 일을 하면 온전한 몸과 마음
으로 일하기 힘들다. 처음부터 일에 대한 의욕이 떨어진다.
그래서 현명한 구인자는 8시에 작업을 시작하는 일이 있더
라도 아침 식사비를 지급해 준다. 그러면 근로자는 고마운
마음에 열심히 일로 보답한다. 인지상정이다. 필자는 현장
이 멀거나 8시 넘어 일을 시작하면 "우리 사무소에서 2~3
천 원이라도 지원할테니 꼭 아침식사 하세요."라고 권한다.
다 먹고살자고 하는 일인데….

　작업을 시작해도 요즘은 사고예방차원에서 안전교육을 필
히 받고 안전화, 안전모, 안전띠를 착용해야 한다. 일하기도
점점 힘들어진다. 그리고 11시 반에서 12시경 점심을 먹는
다. 식사가 끝나면 곧바로 일하는 업체도 있고 1시까지 휴
식을 취하는 업체도 있다. 그리고 5~6시가 되면 대개 일을
마친다. 저녁 늦게까지 일을 하게 되면 일당이 2배로 뛰는
경우도 있다. 일이 끝나면 많은 사람들이 편의점으로 달려

가 소주나 막걸리를 한 잔씩 한다. 술집은 비싸고 편의점은 싸다. 그리고 그들은 내일의 노동이 또 기다리고 있어 과음을 할 수 없다.

외국어 능통한 만능맨의 평범한 일용근로

영훈 씨는 4개 국어를 구사한다. 일용근로자로는 아까운 인재다. 게다가 만능 스포츠맨이다. 통역과 번역, 신문투고, 논술과외를 하는 틈틈이 일용근로를 한다. 53세인데 과천에 살며 부인과 1남 1녀를 두고 있다. 큰아들은 군대에 갔고 둘째 딸은 고등학교 2학년이다. 부인은 교통사고로 허리를 심하게 다쳐서 거동이 불편하다. 관절염도 있어서 비가 오려고 하면 통증이 심해지므로, 일기예보를 정확히 볼 줄 안다고 한다. 영훈 씨는 외국어대 석사 출신으로 4년간 한양대 중소연구소와 모스크바 극동연구소에서 근무하여 러시아어를 구사할 수 있다. 또 일본에서 9년간 생활하면서 해외투자유치 컨설턴트와 반도체 회사에서 근무했다. 당시 월급은 700~800만 원으로 정도였다고 한다. 인생의 전성기였다. 그래서 영훈 씨는 영어는 기본이고 러시아어, 일본어, 한국어까지 4개 국어를 구사하는 일용인력사무소에서는 보기 드문 실력자다.

영훈 씨는 현재도 과천문화신문에 기사를 보내며 교회학생 5명의

논술지도를 한다. 논술 과외수입은 100만 원쯤 된다고 하는데 여고 2학년 딸의 과외비로 고스란히 들어간다. 참 아이러니한 일이다. 영훈 씨는 빚도 있다. 그러니 일하는 데 물불 가리겠는가? 근래에는 동서 소개로 월급 350만 원을 받고 한 출판회사 관리부장으로 취직하려 했으나, 화려한 학력과 경력(?)이 오히려 짐이 되었다고 한다.

"이럴 때도 학력 세탁이 필요한가 봐요."

영훈 씨의 씁쓸한 미소는 안타까울 뿐이었다.

"어제는 아내가 제 손에 박힌 굳은살을 보며 마구 웃는 거에요."

인력사무소에 나가는 남편, 아들, 아버지, 아내를 보는 가족들은 모두 울고 있는지 모른다.

5) 건설현장 산재사고의 적절한 대처방안은?

건설현장에는 산업재해가 많이 발생한다. 우리 인력사무소에도 매월 크고 작은 안전사고가 1~2건은 발생한다. 오늘도 오십대 한 명이 엄지손가락을 다쳐 2주 진단을 받아 입원했다. 지게차가 건축자재를 내려놓을 때 엄지손가락을 끼인 것이다. 우리 사무소는 매주 1~2회 주기적으로 안전교육을 실시하고, 현장에서도 안전교육을 시키지만 사고율은 줄지 않는다. 안전에 대한 보다 근본적인 인식의 변화가 절실히 필요한 때다. 유료직업소개소는 현장 안전사고에 직접적인 책임이 없다. 다만 미성년자, 불법 체류자, 외국인 등을 출력시켜서 중대한 사고가 나면 연대책임을 진다.

2012년 기준 산업재해자 수는 92,256명으로 사망 1,864명 부상 83,349명이다. 사망자 중에서 건설업이 496명으로 26.6%를 차지하며, 그 가운데 추락사망이 373명으로 75.2%이다. 즉 건설업 재해 중 추락사고가 절대적으로 높다. 산재 보상금액은 3조 8,512억 원이었다(출처: 산업안전보건공단 2012년 분석자료 참조).

산재 피해자 중 50대는 30.4%이며, 60대 이상 연령층은 12.0%로 50세 이상 비율이 무려 46.4%였다(출처: 2013년 12월 국회 예산정책처의 '중고령자 일자리사업평가 보고서').

안전사고가 빈발하는 것은, 근본적으로 안전의식과 안전관리시스템의 부재 때문이다. 안전사고 예방은 인간다운 삶의 회복이다. 산재로 인한 국가·사회적 비용지불과 본인 및 가족이 겪는 고통은 상상을 초월한다. 이와 같은 안전사고 방지를 위해서는 사고발생 사업주에 대한 공사입찰 불이익, 일정기간 사업장 폐쇄 등 강한 제재조치를 취해야 한다. 그리고 인력사무소의 정기적이고 효과적인 안전교육을 위해 저리의 사업운전자금 지원 등의 우대조치를 병행해야 한다. 또한 근로자가 사고위험을 느끼면 작업중지권(산업안전보

건법 26조)의 적극적 행사와 작업거부권을 행사할 수 있게 해야 한다. 무엇보다 사고발생 사업주에 즉각적 경고조치 및 3진 OUT제 등의 처벌조항 강화가 사고예방에 가장 효과 빠른 지름길이다.

일용근로자 사례 5)

안전사고 챔피온 목수 배 씨

배 씨는 계단목수를 전문으로 한다. 그냥 목수가 아니다. 남보다 2배 이상 일을 더 한다. 올해 배 목수는 63세이다. 고향은 전남 순천으로 무려 11남매 집안의 장남으로 태어났다. 장남으로서의 희생과 고통 때문에 그의 인생은 순탄치 않았다. 어릴 땐 늘 배고픔의 연속이었다. 그래도 중학교는 다녔다. 11남매 중에 대학교는 한 명도 다니지 못했단다. 배움의 한이 가슴에 응어리를 튼 이유다. 그래도 배 씨는 열심히 살았다. 장남이 잘살아야 동생들을 도울 수 있다는 강박관념이 강했다.

배 씨는 70년 중학교 졸업 후 전남 영광에서 자전거로 과자 배달 일을 했다. 수입도 괜찮았다. 75년 군 제대 후에는 무조건 서울로 상경하여 목수 일을 배웠다. 특히 계단목수는 실적에 따라 노임을 받기에 목숨 걸고 일을 했다. 남보다 수입이 2~3배는 되었다. 날씨 가리지 않고 밤낮 없이 일을 했다. 실력도 인정받고 수입도 남보다 월등

했다. 그러나 안타깝게도 대형 산재사고를 열 번이나 넘게 당했다.

　　건물 7층에서 폼과 같이 추락하여 허리가 부러졌고, 3층에서 떨어져 양쪽 발이 골절되기도 했다. 어느 비 오는 날은 혼자 작업하다 계단에서 미끄러져, 우측신장 파열로 콩팥 한 개를 떼어 냈다. 그래도 결혼하여 딸 둘을 낳고, 아파트를 세 채나 사서 남부럽지 않게 살았다. 하지만 2000년 8천만 원의 사기를 당하고, 사업 부도로 인해 아파트 두 채를 팔았다. 그 여파로 둘째 딸은 대학을 중도 포기했다. 십년이 지난 아직도 딸이 아버지를 원망한단다. 오늘도 배 씨의 수첩에 있는 그 딸의 사진은 배 씨의 가슴을 찌른다. 이제 배 씨는 60대 중반으로 건설현장 퇴임을 앞두고 있지만, 의욕만큼은 30대다. 그의 평생을 지배한 삶의 무게들이 좀 더 가벼워졌으면 좋겠다.

6) 건설일용근로자의 사대보험 등 복지혜택은 어떠한가?

건설일용근로자에게 사대보험 혜택은 불모지와 다름없다. 이는 일용직 특성상 1개 현장이나 회사를 고정적으로 다닐 수 없기 때문이다. 사대보험 중에 국민연금, 건강보험은 본인이 직접 가입할 수 있지만, 고용보험과 산재보험은 사업주가 납입해야 한다. 건설일용근로자는 국민연금 19.1%, 건강보험 18.9%의 매우 낮은 가입율을 보이고 있다(출처: 건설산업연구원, 건설수급실태조사. 건설근로자대상, 2013. 9월). 이는 건설일용근로자 중에 80.9%는 국민연금의 혜택을, 81.1% 건강보험의 혜택을 못 받는다는 이야기다. 다시 말하면 건설일용근로자의 8할 이상이 노후설계를 전혀 못 하고 있다.

몸이 아파도 건강보험 혜택을 받지 못하고, 노후에 받을 연금도 없다면 얼마나 절망적인가? '무능력자의 인과응보'라고 하기에는 사회구조적인 문제점을 간과하는 것이다. 근로자가 같은 현장에 20일 이상 계속 나가면, 현행법상 사대보험을 의무적으로 가입해 줘야 한다. 그리고 같은 사업장에서 4개월째 접어들면 정규직으로 간주한다. 그러면 일방적 해고가 금지되고, 그에 준한 대우를 해 주어야 한다. 따라서 고용주 입장에서는 출근 19일 이전, 3개월이 되면 해고 후 재고용하려 한다. 근로자를 위한 제도가 오히려 근로자의 장기근속을 가로막고 있다. 탁상행정의 전형이다.

이처럼 건설일용근로자의 현실은 기댈 언덕이 없다. 다행히 건설근로자 퇴직공제제도가 있으나 아직은 건설근로자의 노후보장에는 미흡하기 그지없는 실정이다. 이처럼 암담한 현실을 타파하기 위해서는 일용근로자의 각성과 법제도의 정비가 시급하다. 필자는 앞으로 건설일용근로자일드림협회와 손을 맞잡고 건설근로자협동조합의 협력 하에 건설

근로자공제회의 지원을 이끌어 내려고 한다. 세상은 간절히
두드리는 사람에게 문을 열어준다!

현장에서 꼭 불러주는 고객만족 남자

**찬홍 씨는 항상 소박하고 성실한 자세로 인정받고 있다. 외모가 뚱
뚱하고 굼뜨게 보이지만, 실제는 건설현장에서 누구보다 정성스레
일한다.** 찬홍 씨의 진심 어린 마음과 태도를 한 번 보면 누구나 반하
게 되어있다. 찬홍 씨는 45세다. 광명 철산동에서 아내와 7세 아들,
8세 딸과 함께 17평 자택아파트에서 살고 있다. 용인에서 태어나 초
등학교 6학년 때 서울로 이사 왔다. 성동고교를 졸업하고 자동차 제
조업과 리어카 과일장사 등을 하다가 2001년 독산동 태양인력에서
처음 건설일용직 일을 시작했다. 당시 잡부 일당은 5~6만 원이었
다. 현재는 9만 원이니, 3~4만 원 올랐다고 할 수 있다.

찬홍 씨는 무슨 일이든 잘하지만 특히 철거와 곰방(등짐), 보도블
럭 등의 분야에서는 타의 추종을 불허한다. 고객들이 꼭 다시 찾는
다. 인력사무소 입장에서도 고정 고객을 확보해주는 귀한 사람이다.
우리 사무소는 1일 출력인원 1백 명 이상 되는 대형업소가 아니다.
그래서 1회용으로 끝나는 현장이 아니므로, 반드시 작업자가 맘에
들어야 계속 거래가 된다. 찬홍 씨 같은 작업자가 회사에 30명만 있
어도 잘 돌아간다. 찬홍 씨는 우리 사무소의 대표선수라 할 수 있다.

사실 잡부 일은 아무나 할 수 있지만 구인자 마음에 드는 작업자는 많지 않다. 그래서 인력소장은 기본 자질이 좋은 사람만 바라지 않고, 평범한 근로자도 조련해서 좋은 인원으로 만들기에 애를 쓴다.

찬홍 씨 부인은 집안 일만 한다. 그래서 찬홍 씨가 자녀 교육비와 생활비를 모두 책임진다. 만일 찬홍 씨 주거지가 전세 또는 월세라면 현재 수입으로 살기 힘들 것이다. 현재의 작은 아파트라도 만족하니, 남보다 훨씬 여유 있는 삶을 산다. 그는 건설현장에서 늘 안전화, 안전띠 등을 철저히 챙긴다. 그래서 사소한 안전사고 한 번 없었다. 장미의 화려함과 백합꽃의 향기보다 친숙한 야생화를 닮은 사람, 바로 찬홍 씨다!

7) 건설일용근로자가 만족하는 삶의 비결은 있는가?

나는 애정과 존경심을 갖고 건설일용근로자들을 바라보려고 늘 노력한다. 하지만 어떤 일용근로자는 답답하고 절망적이다. 직업의 귀천이 없다고 말하지만 상당수 일용근로자는 일에 대한 자부심이 부족하다. 물론 저임금에 열악한 작업환경이지만 일용근로자 스스로 자기직업에 자부심을 느꼈으면 좋겠다. 나는 가끔씩 일용근로자에게 질문한다. "여러분! 오늘 사무소 왜 나왔습니까?" 하면 대부분 "일거리 받으러 나왔지요."라고 답한다. 그러면 나는 "아닙니다. 일거리 때문에 나온 것이고 궁극적으로 돈을 벌기 위해 나왔지만, 사실은 돈으로 무엇을 하려는 것 때문에 온 것입니다. 여러분이 돈을 벌어서 하고픈 것을 하게 해주시는 그분들, 고객에게 감사하십시오! 만일 구인자인 고객이 없다면, 여러분이 어떻게 하루 일당을 받을 수 있겠습니까? 여러분은 우리 사무소를 대표해 나가 고객만족을 위해 노동을 제공하고 그에 합당한 대가를 받는 겁니다. 최대한 서비스를 하라는 말이고, 그렇다고 주눅들 필요도 없다는 말입니다." 하면 모두들 수긍하는 모습이다.

정상적인 가정을 가지고 등록금 조달과 생계유지를 위해 열심히 일하는 가장을 보면 숙연한 마음이 든다. 50대 초반의 박모 씨는 하루 일이 끝나면, 그 피곤함을 끌고 밤 12시에 수험생 딸을 학원에서 오토바이로 귀가시켰다. 그래서 딸내미는 외국어대학교 브라질어과에 장학생으로 합격했단다. 이처럼 정말 열심히 사는 분도 많지만 가끔은 그렇지 않은 분들이 있어 가슴이 아프다.

인력사무소는 평생직장이 아니라 잠시 지나가는 분들이 많은 곳이다. 그러나 이 시간이, 이 힘든 육체노동의 시간이, 살아가면서 큰 경험과 도움이 될 수도 있다. 나는 사업에 실패하거나 시간적 여유가 있을 때 일반인도 일용직 노동을 하면 정신건강에도 큰 도움이 된다고 믿는다. 결국 스스로 만족하는 삶의 비결은 자기가 처한 환경을 긍정하고 이를 내일의 타산지석으로 삼는 마음가짐에 있는 것이 아닐까.

덤프트럭 사업을 꿈꾸는 양 씨 총각!

양 씨는 올해 37세의 노총각이다. 2개월 전에 처음 사무소에 나왔다. 방배역 인근 3평 원룸에 살며 20분을 걸어서 온다. 성격이 온순하고 과묵해서 좀체 남과 얘기하지 않는다. 인력사무소 일은 3년 전부터 했는데, 1년 전 작업하다 허리를 다쳐서 큰 힘은 못 쓴다. 그래도 굉장히 알뜰해서 매달 50만 원씩 적금을 들어서 현재 몇 천만 원을 저축해 놓았다. 겉으로 드러나지 않게 실속 있는 총각이라고 할 수 있다. 양 씨는 대형면허증, 굴삭기 면허증도 가지고 있다. 그래서 2년 후쯤 적금 2천만 원을 받게 되면, 중고 레미콘 트럭을 1대 사려고 한다. 그러면 수익이 지금보다 훨씬 더 많으리라 믿는다. 소박하고 성실한 젊은이의 전형적 모습이다.

양 씨는 서울에서 태어나 어린 시절을 충남 논산에서 보냈다. 4남 중 차남으로 형과 아래 동생은 먼저 결혼했다. 부모님은 생존해 계시고, 아버지는 개인택시를 한다. 부모님은 양 씨의 결혼문제에 걱정이 많다. 양 씨는 고등학교 졸업 후 곧장 군대에 갔다 와서, 큰 형과 36m 펌프카와 굴삭기 기사를 했다. 근래에는 건설경기 불황이어서 형님 혼자 일하고, 양 씨는 파주 문산에서 6천만 원 들여서 세븐일레 븐 편의점을 운영했다. 성수기에는 순수입이 500만 원 이상 되었고, 비수기에도 200~300만 원 정도 되었다. 개인수입은 괜찮았으나 24 시간 편의점 운영이 너무 힘들어 그만두었다. 지금 생각하면 '알바 생을 더 써서라도 좀 더 했으면, 좋았을 텐데….' 하고 후회를 하기도 한다.

"일용근로는 모든 걸 잊을 수 있고 하루 일당을 바로 받으니 좋은 점도 많아요."

양 씨는 입이 무거워 말을 함부로 하지 않지만 가끔 그 입에서 나오는 말은 촌철살인이다.

"아직도 개인업자 공사장은 자재반입 등을 정석대로 하지 않고 날림공사가 많아 우려스러워요."

8) 하루 일자리를 제공 못 했을 때의 고통

병원의사는 왜 병에 걸렸는지 환자에게 물어본다. 인력소장은 근로자에게 어떻게 살다 이곳에 왔느냐고 묻지 않는다. 왜냐하면 다 비슷한 사연으로 인력사무소에 나오기 때문이다. 사실 일용근로 즉 막일(일명 노가다)하러 나오는 사람들 중에는 굉장한 사연을 가진 사람들이 의외로 많다. 그러나 사연이야 어찌됐건 내가 상관할 바가 아니다. 여기는 육체노동의 땀을 흘려 당장 필요한 돈을 마련하는 곳이다. 농촌 출신이나 육체노동을 해 본 사람이면 나는 일단 안심한다. 도시생활만 하거나, 사업이 망해 전혀 경험 없이 나오는 분들은 걱정이 앞선다. 일을 잘하고 못하고는 둘째 치고 그들의 안전이 걱정되는 것이다. 그러나 그분들에게도 성심껏 일자리를 제공해드려야 하는 것이 나의 임무다.

일용근로하는 사람들을 인생의 실패자라고 오해하는 분도 있다. 그럴 수도 있다. 그러나 분명한 것은 그들이 한두 번의 사업에 실패하고 젊은 날의 한때를 절망의 시간으로 보냈다하더라도 인생 실패자는 절대 아니다. 실패가 오히려 사람을 겸손하게 하며 성공의 밑바탕이 된다. 일용근로를 하는 사람들은 바닥 생활을 해보았으니 이제 뛰어오를 일만 남은 희망의 사람들이다.

필자는 지금도 가끔 사람이 부족하면 작업복을 입고 직접 현장에 달려 나간다. 힘들게 땀 흘린 후에 받는 일당은 소개료의 열 배이기에 9~10만 원이 크게 느껴진다. 우리 사무소 벽에 걸린 멋진 보리밭 유화, 대형거울과 8kg 아령 등은 모두 내가 현장에서 일하다 버리는 것을 가져온 것이다. 요즘은 글 쓰는 일에 전념하느라 꼼꼼히 챙기지 못하지만 그래도 시간 날 때마다 나는 출력현장에 나간다. 그리고 구인자의 목소리와 근로자의 애로사항을 눈여겨 살핀다. 그래야만 적절하게 근로자를 현장에 보낼 수 있다.

평균 20~40명을 출력시키는 인력사무소는 일당을 매일 받아오는 경우가 대부분이다. 그리고 싸인지 거래 외에는 출력인원이 매우 유동적이다. 눈이나 비가 오거나 장마철 및 혹서기에는 일거리가 대폭 줄어든다. 그럴수록 인력소장은 무슨 죄인처럼 마음이 괴롭다. 일하러 나와 앉아 있는 사람들의 눈빛이 애절하기 그지없다.

그러면 인근 업소에 전화하고 부탁하여 한 사람이라도 더 출력시키려고 애를 쓴다. 다른 인력업소와 좋은 관계를 유지해야하는 이유다. 이럴 때는 수수료를 50%씩 나눈다. 서로가 좋은 합의 시스템이다. 인력사무소는 늘 100% 출력이 지상과제이다.

사무직을 전전하던 일용근로의 모범생

한철 씨는 39세의 청년이다. 나이는 불혹에 가까워도 외모는 30

대 초반으로 보인다. 관리직원 같은 인상이지만 의외로 현장 일에 꼼꼼하고 치밀하다. 그래서 현장에서도 좋아하며 다시 부른다. 인력사무소의 일용근로도 엄연히 주요직업 중의 하나이다. 마음가짐과 자세에 따라 결과가 금방 달라진다. 한철씨는 인력사무소에 출력한 지 수개월 만에 일머리를 파악한 대단한 적응력의 사나이다. 한철 씨는 76년 서울에서 태어났다. 부모님이 생존해 계시고 위로는 누나가 둘 있다. 동작구에서 초·중·고교를 마치고, 원광대 토목과를 나와 공무원 시험에 몇 번 탈락한 전력이 있다.

한철 씨는 아버지의 사업 때문에 충남 아산에서 산 적이 있는데 그때 탕정지구 삼성코닝에서 생산관리 업무를 맡아 보았다. 연봉 2,400만 원이었다. 이후 파견직으로 구미, 안산, 평택지역을 다니며 5년간 근무하였다. 그때 모은 자금으로 사업을 시작했다. 화장품, 전기동 수출입 무역업이었는데 잘되지 않았다. 남들 성공담을 듣고 시작한 사업은 쉽지 않았고, 돈만 날렸다고 한다. 그렇게 십 년의 경험, 십 년의 젊음을 보내고 몸도 마음도 지친 상태에서 3개월 전부터 인력사무소에 나왔다. 현재는 다시 서울 부모님의 자택 아파트에서 거주하고 있다.

아버지는 아직도 사업을 하지만 자식에게 전혀 도움을 주지 않으신단다. 대학교에 입학했을 때에도 첫 등록금만 도와주고 이후 모든 학비는 누나와 자기 스스로 벌어서 졸업을 했다. 요즘은 변변한 일자리도 없이 일용근로나 다니는 자신이 부끄럽고 죄송하단다. 그래서 열심히 다른 직장을 알아보기도 하지만 쉽지 않은 것 같다. 그동안 살아오면서 마음먹은 대로 된 것이 없는 한철 씨! 나이도 많아서 결

9) 불성실 건설일용근로자 유형 및 대처방안

불성실한 근로자는 동료와 구인자(고객) 및 인력업소에 큰 타격을 준다. 불성실의 기준은 일용근로자에 대한 보편적 기대치에 훨씬 못 미치는 경우다. 구인자가 인력업소에 일용근로자를 의뢰할 때 좋아하는 유형이 있다. 일 잘하고 말 잘 듣는 사람이다. 아울러 젊고 밝은 얼굴이면 더욱 좋다. 기피대상 근로자는 바로 그 반대의 인물이다. 맡은 일을 대충 건성으로 하며 반장이나 소장·사장이 지시해도 자기 스타일대로 하는 근로자. 그런 사람의 마음가짐은 "내가 당신보다 일머리를 잘 알아~ 어차피 나는 오늘 하루 일하면 당신 안 보고 다른 현장가도 되니 나에게 간섭하지 마시오!"라는 것인데…. 쯧쯧쯧이다. 한 치 앞을 못 보는 유형이다.

그런 사람은 구인자가 조금만 기분을 상하게 해도 버럭 화를 내고 가버린다. 구인자가 원하는 기대치만큼 일을 못한다고 지적하면 "죄송합니다. 앞으로 잘하겠습니다." 하면 되는데, 오히려 고객인 구인자를 가르치려 들어 차후에는 해당 인력업소와의 거래까지 중단시키는 결과를 초래하기도 한다. 그런 불성실 일용근로자는 동료와 교류도 없이 외톨이로 지내며, 인력소장과 인간적 관계도 거의 없다. 우리 사무소의 주 씨는 사전교육을 해도 일당 적게 준다고 싸우고, 배 씨는 현장에 소주를 가져가 몰래 먹으며 말없이 귀가하기도 한다.

인력업소 입장에선 곤혹스럽기 그지없는 경우다. 영세한 인력업소는 일당을 매일 받기에 추후 다시 안 불러 주면 고객이 줄어들어 문을 닫게 된다.

이와 같은 불성실, 무책임한 일용근로자 대처방안은

첫째, 구직자 기록카드를 철저히 작성해 신상파악을 확실히 한다.

둘째, 정기 및 수시 개별면담으로 애로사항 해소와 유대를 강화하고

셋째, 1주일 2~3회 아침시간 유형별 고객만족교육으로 구인자와의 소통을 강화하고

넷째, 1~2차 권고 후에는 과감하게 사무소 출입금지를 요청한다.

고객만족을 넘어선 고객감동 차원이 되어야 한다. 선택권이 그들에게 있기 때문이다. 이 업계도 인력업소 간의 무한

경쟁이다. 일용근로자와 인력업소는 공동운명체가 되어 생
존해야 한다.

회사 부도로 일 나오는 산업정수기 붙박이 팀장

**현수 씨는 올해 49세다. 현수 씨는 전북 김제가 고향이다. 초·중·
고교를 졸업하고 군기가 아주 센 군대에 자원입대하였다. 그래도 중
학교 때 상위권이었던 성적이 아까워 제대 후에는 다시 대학공부를
시작했다. 그러나 3개월 만에 포기하고 회사에 입사했다.**

현수 씨는 1988년부터 26년간 산업용 정수기 기술영업에 종사했
다. 연봉 3,500만 원이었으나, 3개월 치를 받지 못했고 회사는 현재
부도 상태다. 건설현장에서 일해 보니 그동안 매우 좋은 조건에서 일
한 것을 알았다고 한다. 산업용 정수시설은 수돗물이나 강물을 끌어
들여 여과·정수과정을 거쳐 불순물을 기준치 이하로 낮추는 장치이
다. 두산중공업에서 바닷물 담수화 장치를 개발하여, 플랜트 해외수
출을 하는 것도 정수과정의 일부다. 기술영업 보수는 통상 기본급에
인센티브를 지급하지만, 고정월급을 받았기에 어쩌면 그동안 온실
속에서만 살았던 것 같다고 말한다. 요즘 회사 그늘을 벗어나 일용근
로를 하며 새삼 돈의 소중함을 느낀다고 한다.

현수 씨는 성실하고 겸손한 사람이다. 비록 회사가 부도 나서 강제
로 쫓겨났지만 기존 사업을 일부 계속하고 있다. 인력사무소에 나온
지는 일 년쯤 되었지만, 베테랑처럼 적극적으로 일한다. 성격도 원만

해서 같이 일하고 싶어하는 동료들이 많다.

　현수 씨는 회사에 다닐 때 가끔씩 일용근로자를 불러서 산업용 정수장치의 활성탄 교체를 했다. 그때 작업자들에게 좀 더 잘해주지 못한 것이 후회가 된다고 한다. 현수 씨는 현장반장이 무시하는 언행을 해도 한 귀로 듣고 한 귀로 흘린다. 자신이 그 위치에 있어본 자만이 누릴 수 있는 여유이기도 하다. 모든 일을 긍정적, 적극적으로 받아들이면 기분도 좋고 매사가 잘 풀린다. 현수 씨는 호감형 인간의 대표주자라 할 만하다.
　"세상사는 다 본인하기 나름인 거 같아요."
　현수 씨가 커피 한 잔을 들고 와 건네는 말이다.

10) 신뢰와 존경 받는 건설일용근로자가 되는 비결은?

　신뢰는 인간관계의 근본이다. 상대방을 믿지 못하면 무슨 일을 맡길 수 있겠는가? 특히 인력업소와 일용근로자 그리고 구인자 고객 간에는 신뢰가 깨지면 바로 끝이다. 다른 인력업소도 부지기수다. 그래서 고객을 만족시켜서 계속 거래하게 만드는 근로자가 진정 소중히 느껴진다. 구인자 1명을 발굴하거나 유지하기 위해 인력소장은 굉장한 노력을 한다. 대형업소 외에는 통상 1~2명씩 합쳐서 현장에 하루 수십 명을 보낸다. 만일 일을 나간 일용근로자에게 만족하지 못하면 그

날이 마지막 거래가 될 수 있다. 인력소장은 매번 전장에 임하는 장수 또는 딸을 시집보내는 아버지 심정이 된다.

그러나 일용근로자는 그런 절박한 심정을 잘 모른다. 오늘 하루만 일하고 그만둬도 상관없다고 생각하는 것이다. 그리고 열심히 일을 해도 본인에게 주어질 보상은 정해져 있기 때문이다. 일용근로자와 인력업소가 함께 공존하는 길을 찾아야 한다. 그러면 그 결과가 고객만족으로 연결된다. 우리 사무소는 출력 횟수가 많은 근로자는 수수료는 10~20% 적게 받고, 고객만족도 설문지평가를 해서 그에 따라 1회당 1천~2천 원씩 현금 보상을 해준다. 그러면 출근 성적이 좋거나 고객만족도에 따라 수익이 늘어나니 근로자가 좋아하고, 인력업소도 믿고 근로자를 현장에 보낸다. 이를 위해 매주 2~3회 정기교육은 필수적이다.

누군가에게 신뢰와 존경을 받는 것은 굉장히 즐겁고 기쁘다. 비록 하루만 일하더라도 이런 일용근로자라면 누구나 좋아하게 된다. 일용근로자로서 신뢰와 존경을 받으려면

첫째: 남보다 일찍 출근하고 업무시작 10분 전에 현장에 도착해 충실히 작업준비를 한다.

둘째: 작업복을 깨끗이 빨아 입고, 수염을 깎는 등 용모를 단정히 한다.

셋째: 하루 작업 내용을 정확히 인식하고, 성실하게 일한다.

넷째: 인력업소 오더와 상황이 좀 달라도 융통성 있게 일해 주고,

다섯째: 현장작업 자리를 비울 때는 보고 및 안전사고를 늘 조심하며

여섯째: 일당을 주는 구인자에게 고마운 마음으로 친절히 대한다.

누구나 알 수 있는 평범한 이야기다. 그러나 성공하거나 존경받는 사람은 기본에 충실하다!

일용근로자 사례 10)

양키물건과 청소사업하던 종규 씨

종규 씨는 우리 회사의 터줏대감이요 산증인이다. 왜냐하면 개업한 2009년 12월경 사무소에 나와서, 지금까지 거의 매일 출력하기 때문이다. 종규씨는 근면성실의 대명사다. 매일 아침 5시 15분 제일 먼저 출근한다. 평소 특별한 일이 없어도 사당역 사무실에 들렀다 집에 간다. 또한 아침에 일을 배정하면 주인정신으로 하므로, 한 현장을 마무리 할 때까지 계속 나가는 경우가 많다. 구인자가 추가로 이것저것 시켜도 군말 없이 해준다. 그래서 인력소장 입장에서는 고마운 마음이 자연스레 생겨나게 된다. 종규 씨는 그런 사람이다! 또한 천주교 신자여서인지 몰라도 동료들에게 예의와 선의를 다한다. 그

러니 따르는 사람도 많다. 이런 종규 씨의 삶도 들여다보면 참 굴곡
이 심한 인생이었다.

　종규 씨는 55세로 60년생이다. 고향은 서울 종로이며 2남 2녀의
막내로 태어났다. 아버지는 이북에서 내려와 남한에는 친척이 없다.
부모님은 사업을 해 큰돈을 벌었다. 어릴 때는 유치원도 다녔고 집도
몇 채 있었다. 종규 씨는 고등학교 졸업 후 큰 매형과 화곡동에서 미
군 양키물건 즉 양담배, 양주, 전자제품, 식품 등을 취급하여 몇 억을
사재기 할 정도로 돈을 벌었다. 이후 84년 군입대하여 제대 후에는
다시 양키물건을 취급하였다. 그러나 불법으로 검찰조사를 받았고,
사업 부도를 맞았다. 그 후에도 명품 짝퉁을 판매하다 적발되어 고액
벌금을 물었다. 또한 2001년부터 7년간은 청소사업을 하다 철저히
망해서 지금은 일용근로만 하고 있다.

　종규 씨는 일용근로를 고등학교 때부터 틈틈이 경험했다. 현장 경
력은 30년 되었기에 무슨 일이든 적응이 빠르다. 종규 씨는 일할 때
노동이 아니라 운동을 한다고 생각한다. 그러면 신기하게 힘도 덜 들
고 마음도 즐겁단다. 요즘은 아내가 식당 맞벌이를 한다고 나섰는데
밤새 끙끙 앓는 소리를 낸다고 한다. 신앙과 사랑의 힘으로 잘 극복하
리라 믿고 있다!

4. 바람직한 건설일용직 직업소개사업자의 모습 진단

1) 직업소개사업자 대표는 어떤 위치에 있는가?

처음부터 인력사무소를 운영했던 분은 드물다. 제1세대 직업소개업소는 주로 건설현장에서 잔뼈가 굵은 분들이 사무소를 개설했다. 동종 협회자료에 의하면 1989년 이전에는 서울시 전체에서 4개~5개 업소만이 정식으로 허가 받고 인력공급을 하였다. 1990년부터 직업소개사업의 허가권이 활성화되면서, 6천여 사업자가 매일 40만 명 이상의 건설일용직 일자리 창출을 책임지고 있다. 사실 인력업소 대표는 저소득 소외계층의 사회안전망 역할을 책임지는 중요한 공로자들이다. 만일 인력업소가 없다면 직업이 없는 사람이단 하루 만에 어찌 일당 임금을 받을 수 있겠는가? 그것도 원하는 직종과 시기를 마음대로 결정하면서…. 인력사무소가 아니면 도저히 불가능하다!

요즘은 주변에 20대~30대의 젊은 사업자들도 많이 늘어나고 있다. 인터넷과 최신 정보망으로 무장된 젊은이들의 업계 진입은 무척 반가운 일이다. 현재 40대~50대가 주축인 인력업소에 그들의 진입은 선의의 경쟁과 협력을 통해, 보다 질 높은 고용서비스를 제공할 것이라 믿는다. 앞으로 우리나라 인력업계는 구태의연한 껍질을 벗고, 고객감동을 최우선시하지 않으면 문을 닫는 업체가 속출할 것이다. 따라서 인력사무소 대표는 시대의 변화에 더 관심을 가져야 한다. 일자리 창출자체가 공공적 성격이 있기 때문에 정부에서도 소개료 없는 정책을 꾸준히 연구하고 있다. 무엇보다 사회 저소득층인 구직자가 만족하는 시스템을 개발해야 한다.

나는 직업소개소 직무에 대해 큰 자부심을 가지고 있다. 일자리 창출 자체가 개인과 국가에 발전에 중요한 역할을 담당한다. 저소득층의 생계를 책임지고, 사회안전망 역할을 하기에 국가유공자에 준한다고 보면 지나친 오만일까? 구

인, 구직자의 요구를 더 적극적으로 수용하고, 대외적으로
그 역할을 공인받아야 할 시점이다.

일용근로자 사례 11)

성인오락실 쪽박에서
스포츠토토로 재기를 꿈꾸다!

**광택 씨는 10여 년간 성인오락실을 하며 대박과 쪽박을 경험했다.
그 분야의 전문가를 자처했는데, 이제는 모두 탕진하고 이혼까지 당
하여 혼자 고시원에서 살고 있다.** 호황기에는 매월 1억 원도 벌었으
나, 이제는 전부 꿈같은 얘기다. 그는 과거 화려했던 꿈을 전부 접고
스포츠토토를 전문적으로 연구하여 재기를 꿈꾸고 있다. 광택 씨는
잘 나갈 때는 하루에 수백만 원을 쉽게 뿌렸지만, 요즘은 일용근로를
하면서 천 원 한장의 가치를 새삼 느끼고 있다. 그래서 정말 뼛심 들
여 일한 돈은 함부로 쓸 수 없음을 알게 되었다고 한다. 광택 씨가 인
력사무소에 나온 것은 불과 2~3개월이지만, 남들이 꺼리는 가정 이
삿짐일 등에 앞장서서 나선다.

"요즘 난 현장에서 돈을 벌기보다 인생을 새롭게 배워요."

잠실로 이삿짐을 나르러 가면서 하는 말이다.

광택 씨는 70년생 45세다. 제주도에서 태어나 학교를 다녔고, 87
년도 서울로 와서 대학입시 준비했으나 중도 포기했다. 93년 군 제
대 후 무인 경비회사 캡스에 입사하여 170만 원 월급을 받았다. 95

년도에 결혼하여 1남 1녀를 두었다. 그때 친구 꼬임에 빠져 성인오락실을 했는데, 초기 6개월 두 명의 수입은 매월 2억 원이 넘었다. 하지만 단속으로 벌금을 맞고 영업정지를 당했다. 이후 대구에서 3억여 원을 들여 오락실 개업을 했으나, "바다이야기" 출시 여파로 문을 닫을 수밖에 없었다. 그때는 가정관리도 소홀해 별거 중이었다. 결국 2004년 합의이혼을 하고 매달 100만 원씩 자녀 양육비를 보내고 있다.

방황하던 광택 씨는 2007년 말 상경, 선능역 인근에서 거주하며 전문가의 도움으로 스포츠토토 그래프 보는 법 등을 배웠다. 2008년부터 배팅 받아서 돈을 따게 해준 노하우를 축척하고 있으며 축구, 농구, 야구의 승률 60~70%을 자신한다. 앞으로 스포츠토토 060 ARS 음성중계 분야를 개척해 재기를 꿈꾼다. 향후 멋진 인생 역전승을 기대해 본다.

2) 인력업체 소개료 10%는 적정한 수준인가?

인력업소는 건설근로자 일당의 10%를 소개료로 받는다. 노임 10만 원이면 1만 원이다. 어떻게 보면 매번 소개료 10% 받는 것은 높은 수준이다. 문제는 누구의 시각에서 보느냐다. 작업자나 외부 관점에서는 당연히 높지만 인력업소는 다르다. 하루 100명 출력하는 대형 소개업체는 전체에서 1~2% 수준이고, 대다수 업체는 평균 1일 기준 15~30명

의 열악한 수준이다. 소개료 기준 매출액이 매월 300만 원
~600만 원이므로, 건물 임대료와 인건비를 빼면 남는 게 없
다. 그래서 건설인력업계도 부익부 빈익빈 현상이 심화되고
있다. 자본력과 영업력을 가진 중·대형업소 위주로 업계가
재편되고 있다. 살아남기 위해 변신해야 한다.

내가 보기에 이렇게 가면 10년 내 인력업소의 1/3은 문
을 닫을 것이다. 가장 큰 이유는 수수료 10% 유지가 시대
흐름에 맞지 않기 때문이다. 지금 부동산매매 수수료율은
0.4%~0.9% 이내에서 협의해 결정한다. 또한 문턱 높던 변
호사 수임료도 경쟁을 통해 갈수록 낮아지고 있다. 그런데
일용근로자에게 무조건 일자리 소개료 10%를 받다니…, 정
부에서도 불편한 시각으로 보고 있다. 왜냐하면 대상자가
저소득, 취약계층이기 때문에 그들에게 좀 더 나은 혜택을
제공해야 하기 때문이다. 이미 일용근로자 중에 파출부, 간
병인은 상당수가 공공기관, 여성인력개발센터, 요식업중앙
회 등에서 무료로 직업소개를 받는다. 그 영향으로 기존의
파출부, 간병인 유료소개업은 폐업했거나, 문을 닫아야만
되는 심각한 경영위기에 몰려 있다.

건설인력전문 소개업소가 그나마 간신히 버티고 있지만,

안을 들여다보면 큰 자본력을 가진 일일 평균 50명 이상 출력시키는 중. 대형업체만 유지가 되는 형편이다. 자본력이 없는 나머지 업체는 급격한 트랜드 변화와 인터넷, 정보화의 힘에 경영악화를 겪고 있다. 앞으로 건설인력업소도 구인자, 구직자를 감동·만족시키지 못하면, 위의 파출부, 간병인 소개업소와 유사한 전철을 밟게 될 것이 불을 보듯 뻔하다.

안전사고 산재환자를 병상 인터뷰하다!

성모 씨는 안전사고로 오른손가락 일부가 절단되어서 병원치료 중이다. 필자는 분당 정자역의 병실을 방문하여 인터뷰하였다. 2014년 3월 7일 사고 당시 성 씨는 렉카차가 대리석을 내려놓을 때, 순간 방심으로 엄지손가락이 절단되어 두 차례 봉합수술을 받았다. 두 달간은 병원에 있어야 된다. 건설현장에서는 사소한 실수가 큰 사고로 이어진다. 그래도 다행이 렉카차가 보험에 가입돼 있어 병원비 걱정은 없지만, 심신이 편할 리 없다. 80세 넘으신 노부모님과 아내 그리고 외동딸을 생각하면 미안한 마음뿐이다. 성 씨는 인력사무소에 나온 지 1년이 되었다. 성격도 온유하고, 상대를 많이 배려하는 타입이다. 62년생 서울에서 2남 2녀의 맏아들로 태어났다. 어릴 때는 유복하였으나, 아버지 사업 부도로 인생의 큰 고통을 겪고, 81학번으로 경희대 철학과에 들어갔다.

　　대학생 시절은 과대표로 활동하고, 가끔씩 노가다(막일) 일도 한 것이 현재 일용근로를 하는 계기가 되었다. 당시에는 펜대를 굴려 먹고사는 하이칼라보다는 땀 흘리는 노동자가 숭고하게 보였다고 한다. 이후 사회에서는 아이템플 학습지 영업을 하며 상위권 실적을 올렸고, 한때는 울릉도에서 6명을 한 조로 과외 지도하여 큰 성과를 거두기도 하였다. 하지만 학습지와 과외 지도에 싫증을 느끼면서 가끔씩 이수역 인근 인력사무소에 나가게 되었다.

　　성 씨는 금번 산재를 통해 사고요 인을 생각해 보았다. 대부분의 안전사고는 최단시간에 최대성과를 내려고, 무리수를 두기 때문이다. 한순간 부주의로 멀쩡했던 손가락 일부가 싹둑 잘려 났을 때의 황당함과 고통은 참으로 크다. 사고 초기에는 렉카차 운전사를 무척 원망했는데, 지금은 본인의 실수가 더 컸다고 느낀다. 성 씨는 벌써 한 달 이상 병원에 있으니, 요즘은 무척 답답하다. 그래도 마음을 다스리는 공부를 한다고 생각하니 여유가 생긴단다. 다시 일을 나가게 되면 안전작업의 전파자가 될 것을 다짐하고 있다.

3) 건설인력전문 소개업체의 대불 딜레마

　　내가 운영하는 소개업소는 건설인력이 주력 부문이고, 파출·물류관련 부문도 일부 소개하고 있다. 건설인력 대표자들은 다양한 경험을 가진 사람들이다. 건설일용근로자 일을 하다가 바닥에서부터 시작한 분, 사업실패 후 신규사업차원으로 시작한 분, 타인 사업장을 인수한 분 등이다. 처음부터 사업이 계속해서 잘되는 경우는 드물다. 어느 궤도에 오르면 반드시 부딪히는 일이 있다. 즉 사업가가 늘 경험하는 자금문제이다. 현장 노임을 인력사무소가 대신 지불(대불, 싸인 지 외상거래)하는 경우가 생기기 때문이다. 작업자를 일일 평균 30명 이상 보내려면 30~40일 치 노임을 인력사무소가 대신 지불해야 한다. 아니면 매일 작업장에서 근로자가 노임을 직접수령 해야 하는데 인력업소, 구인자, 근로자 모두에게 매우 불편하다.

그래서 가끔은 인력업소가 한 1개월 대불 해주고 일시불로 사업장에서 노임을 받는다. 하지만 현행법상 근로자 노임은 대불을 금지하고 있다. 근로기준법 43조 1항은 '임금은 직접 근로자에게 지급해야 한다'라고 규정하고 있다. 현실과 법조문이 다르지만 관계기관 묵인 하에, 인력업소가 노임 대불에 대한 위험부담을 전적으로 지는 것으로 관례화되어 있다. 물론 불가피한 측면도 있다. 구인 건설사가 매일 노임을 지불한다는 것은 극히 어렵다. 그러므로 인력업소는 현금을 동원하여 건설업체도 지급하지 못하는 노임을 대불해주는 중요한 역할을 한다. 만약 건설사 부도사태, 고의체불 등이 발생하면 인력업소는 수천만 원을 고스란히 떼이는 거다. 그리고 이런 경우는 비일비재하다.

　그래서 하루 50명 이상 출력의 중·대형 업체로 성장하려면, 반드시 자금여력과 관리능력을 갖춰야 한다. 적어도 일일출력 30명 이상 되어야 인력업소가 자생력을 갖추며, 이런 대불 없이는 생존이 불가능하다. 언젠가 대불이 합법화되겠지만, 그 전에 경쟁력 없는 많은 인력업소는 문을 닫을 것이다. 결국 대불로 인한 피해방지를 위해선 원청업체의 노임지급보증제 실시가 최우선 방안이다.

불성실 독불장군이 희망을 노래하다!

　승국 씨는 남과 어울리지 못하고, 늘 불만 가득한 표정이다. 동료들도 쉽게 말 걸기가 부담되어 늘 외톨이다. 현장에서 갑자기 일이 취소되어 귀가하면, 차후 일거리가 생겨도 그날은 일하지 않는다. 즉 자기 마음 내키는 대로 사는 타입이다. 가끔 기분이 좋아지면 상대에게 말을 걸지만 절대로 속마음을 내비치지 않는다. 용모는 부유한 집안에서 태어나 고생을 모르고 살아온 듯, 준수한 편이다. 현장에서도 소장, 반장이 마음에 안 들면 싸우고 집으로 간다. 한마디로 통제가 곤란한 스타일이다. 이런 사람을 만나면 현장 담당은 가장 힘들다. 인력소장도 승국 씨 때문에 마음고생이 많았다.

나는 승국 씨의 성장과정에 문제점이 있으리라 보았다. 하지만 1시간여의 인터뷰 동안 특이한 점은 발견하지 못했다. 승국 씨는 69년생이다. 46세이며, 2남 1녀 중 장남이다. 목포에서 태어나 서울 홍은동에서 살았다. 아버지가 목수 일을 해서 건설현장 일을 자연스레 경험하였다. 리라공고 토목과를 나와 군 제대 후에 의류회사를 다니다 93년 7월에 퇴사했다. 그 후부터 아는 형의 인테리어 공사를 7년간하여 철거, 각종 조공 일을 경험했다. 인력사무소는 2001년부터 나왔지만, 한곳에 정착하지 못하고 여러 곳을 돌아다녔다.

승국 씨는 현재 결혼은 하지 않고, 6년 동안 음식점 주방장과 동거하고 있다. 아이는 없으며 함께 살고 있는 분이 애교가 있고 정이 많아 좋다고 한다. 이상의 내용을 보면 승국 씨의 인생은 지극히 평범하다. 승국 씨는 인력소장이 간청하면 며칠간 좋아졌다가, 문제가 되는 동일한 행동을 반복한다. 오늘 4월 5일도 배 아프다는 사유로 일하지 않고 귀가하였다. 요즘은 건설일용근로도 서비스 개념으로 접근해야 한다. 즉 고객, 구인자에게 선택권이 완전히 넘어갔다. 나는 승국 씨가 좀 더 서비스정신을 이해하게 되길 바란다. 그래서 새로운 사람으로 변신하리란 희망을 가지고 끊임없이 대화하고 있다!

4) 외국인근로자의 건설현장 실태 및 대안은?

건설현장에 외국인 근로자가 넘쳐나고 있다. 국내 건설현장 기능 인력은 2012년 말 기준 125만 6천 명이다. 이 가운데 40대 이상의 인력 구성비는 80.7%로서 젊은 근로자를 구하기 어려운 상황이다. 2013년 10월 현재 건설현장에 외국 인력을 도입하는 제도는 고용허가제 쿼터 1,600명, 방문취업제(H-2) 쿼터 5만 5천 명으로 연간 5만 6,600명이다(출처: 2013년 11월 건설연구원 '건설현장의 고용허가제 활용방안' 보고서). 그러나 실제 국내 건설현장에 일하는 조선족 동포와 외국인근로자는 25만 명으로, 불법체류자가 14만 명으로 추산된다. 전체 외국인 근로자는 76만 명으로서 조선족 동포가 33만 1천 명이며 필리핀·네팔 등 아시아인 10만 3천 명, 중국인 5만 5천 명 순이다(출처: 2013년 통계청 발표 '외국인 고용조사 결과').

또한 건설현장의 전체 근로자 중 외국 인력은 46.2%로 조사되었다. 아울러 외국인력 중 조선족 동포는 50.5%, 한족 중국인은 31.1%, 베트남 등 외국인 18.4%였다(출처: 2013년 건설산업연구원, '건설현장 근로자 대상 외국인력 설문조사'). 이처럼 국내 건설현장에 있는 외국인력이 46.2%, 즉 과반수 근로자가 외국인이다. 이들은 한국인 건설일용근로자 등 취약계층의 일자리를 잠식하고, 건설현장 노임이 장기간 소폭인상에 그치게 만들고 있다. 하지만 외국인 근로자가 없는 국내 건설현장은 가동이 불가능하다. 대표적인 3D 업종 건설업현장을 젊은이들이 외면하기 때문이다. 이는 한편으론 선진국으로 가는 당연한 수순을 밟고 있는 과정이다.

우리 건설인력 시장에도 조선족 동포는 깊이 뿌리내렸다. 현재 조선족 거주자의 메카인 대림동, 구로동 일대 인력시장은 80%가 교포로 추정하고 있다. 현재 H-2 비자는 건설 일용직 취업을 제한하지만, 다행히 2014년 12월부터 허용 예정이다(2013년 12월 정부 제4차 활성화대책 의거). 이제는 국내 외국인 근로자에 대해서도 현실을 인정하고, 그에 맞는 대책을 세워 함께 사는 지혜를 모을 때다.

5) 악덕 노임체불업자에 대한 대책은 있는가?

육체노동을 하루 종일 계속하면 무척 힘들다. 그 일한 노임을 떼인다고 생각해 보라! 하루 이틀도 죽을 맛인데 1주일~1개월 못 받게 되면 생계에 큰 지장을 받는다. 우리 사무소는 대불(외상거래, 싸인지)을 거의 취급하지 않고, 현장에서 당일 노임을 받는다. 구인자가 공사장에 없는 경우에는 통장으로 송금을 받는다. 이때 가끔씩 고의로 노임을 주지 않는 질 나쁜 업자가 있다. 근래 3개월 전에도 우리 사무소의 인부 2명이 노임 체불과 관련해 노동청에 구인자를 고발했다. 며칠 치 노임밖에 안 되지만 아직도 못 받고 있다. 노동청에

고발한다고 해서 잘 해결되지도 않는다.

지난 2010~2012년 기준 고용노동부가 악덕체불로 명단 공개 통지를 받은 사업주 가운데 집행유예와 징역형은 불과 1.6%였다. 나머지 98.4%는 벌금형 처벌을 받았다. 그 벌금액수도 체불노임의 10~20% 그친 것으로 드러났다(출처: 2014. 2. 11. 서울신문 기사 참조). 즉 1천만 원 노임 체불 시 100만~200만 원만 벌금을 물면 되니, 오히려 상습 체불 사업주가 늘어나게 방치하고 있는 것이다. 위의 자료에 따르면 2013년 말 기준 체불임금 피해자는 267,000명이고 체불 노임 총액은 1조 1,930억 원이다. 이는 1인당 체불 노임 446만 원으로서 매우 큰 금액이다.

나의 경험에 의하면 그동안 발생한 수백~수천만 원 노임 체불사고를 분석할 때, 중요 포인트는 초기단계의 적극 대응이다. 통상 구인자와 안면을 트고, 거래를 수 개월 하면 노임이 조금 늦어져도 봐주기 마련이다. 인지상정의 나라 아닌가? 그런데 그러다 낭패를 당한다. 이때 피해금액이 1천만 원 이상이면 관련 협회에 요청하면 큰 도움이 된다. 2013년 10월 인가 받은 일드림협회는 전문 체불전문팀을 구성해, 집회시위 등을 통해 체불 노임을 거의 해결하고 있

다. 즉 소액일 때는 초동단계에 적극대응하고, 고액인 경우
에는 관련협회의 협조를 받는 사람이 현명하다. 혼자서 하
는 일 처리보다는 타인의 도움을 받으면, 의외로 쉽게 풀릴
때가 많다.

6) 파출업소 생존 비상대책위의 외로운 투쟁

2014년 다수 유료파출 부문 직업소개소가 생사존폐의 기
로에 있다. 무료직업소개소 파트에 42만 개 회원사를 보유
한 거대 외식업중앙회가 유료파출소개소 영역을 마구 침범
하고 있다. 전국 파출소개업소는 6천여 개로 회원사 70배
인 외식업중앙회와는 경쟁이 안 된다. 외식업중앙회는 전국
40개 지회와 223개 지부에서 무료직업소개를 운영 중이다.

그 결과 서울 강동구와 송파구 등의 파출직업소개소 매출
이 예년 대비 50% 이상 줄어서 폐업 위기에 몰려있다. 특히
강동구 경우는 인근 하남시에 구직자를 보내 겨우 명맥을
유지한다. 참다못한 강동구 황금파출부 김경미 외 몇 명은
이의를 제기하며 외로이 투쟁했다. 그분들의 의협심과 인내
심으로 인해 비대위는 시작되었다.

통상 파출소개소는 내부경쟁도 심하고 잘 뭉치지도 못한

다. 하지만 전체 업소가 공멸할 위기에 봉착하자 한마음이 되었다. 그래서 관련협회에 대표자가 방문해 상황을 설명하고, 대책을 요구했으나 서울시지회장은 "정상적으로 허가된 것을 어떻게 합니까? 우리는 못 합니다." 하고 딱 잘라 거절하였다. 결국 박경미 대표는 신생 일드림협회를 방문해 협조를 요청했다. 그래서 홍보위원장인 내가 전담키로 하고, 2014년 4월 3일 파출업소 생존사수 비상대책위원회가 출범하여, 김경미 위원장, 김정태 사무총장 등을 선출하였다. 이후 김청○ 변호사를 선임하고 서울 중구청에 500명 집회신고까지 하며, 외식업중앙회무료소개소 허가철회 위해 전면 투쟁을 선언하였다.

비대위의 요구는 간단하다. 서울 중구청이 99년 12월 분사무소 설치 시 반드시 설립등기를 해야 하며, 겸업금지 업종은 회원가입, 회비납부율이 각 80%가 넘어야 된다고 했다. 무료소개소는 설립등기는 하지도 않았고, 80% 이상의 회원가입 및 회비납부 확인이 불투명했다. 우리 비대위는 무료소개소 허가철회를 위해 행정심판과 중구청 앞 집회를 선언했다. 최종적인 승리를 위한 첫 행동이 될 것이다. 이에 비대위 업소가 자발적으로 변호사비를 내고 한 마음으로 뭉쳤다. 그러므로 이제 다윗이 거대한 골리앗과 맞서 싸

파출생존권 사수비대위 출범식

우는 정의의 투쟁이 전개될 것이다. 우리는 무조건 이겨야 한다. 생존이 걸린 문제다. 또한 여타 다른 직업소개소들의 응원을 한껏 받고 있다. 우리가 이기는 선례를 남겨야 하는 또 다른 이유다.

7) 인력업계 양대 협회 중에 누가 더 고객을 위하는가?

인력업계에는 현재 두 개의 협회가 있다. 즉 (사)전국고용서비스협회와 (사)건설일용근로자일드림협회가 그 양대 산

맥이다. 약칭으로 전고협과 일드림협회로 지칭한다. 전고협은 1997년 7월 설립되었으며, 일드림협회는 작년 2013년 10월 고용노동부로부터 인가를 받았다. 양대 협회는 명칭이 다르지만, 성격은 비슷하다. 건설근로자, 파출부, 간병인, 헤드헌터 등의 일당 및 월급제 일자리를 소개하는 것이다.

전고협 설립 후 17년 동안 업계를 위했던 노력은 당연히 평가 받아야 한다. 일용직과 상용직 소개업자의 권익을 위해서 앞장서며 규제완화, 사업자교육 등을 통한 나름의 공로가 크다. 하지만 회원사들의 권익향상과 고용창출을 위한 노력은 미흡했다는 중론이다. 더구나 지난 2012년 4월에는 건설근로자공제회에서 제공하는 일명 '반값 수수료지원사업장'을 전고협 지회장이 수임하여, 기존 회원사의 극심한 반발과 이탈을 가져왔다. 그 결과 '반값 수수료철폐 비상대책위원회'가 결성 되었고, 과천정부청사 집회 등을 통하여 건설인력사업자 중심의 일드림협회가 탄생하였다.

나는 현재 일드림협회의 홍보위원장을 맡고 있다. 따라서 양대 협회를 평가하는 일은 조심스럽기 그지없다. 그래서 언급을 최대한 자제하려고 한다. 하지만 분명한 점은 앞으로 누가 근로자와 소개업자의 일자리 창출과 권익향상을 위해 헌신을 다하는지 보면 된다. 즉 구직자와 사업자의 가려운 곳과 아픔을 보듬는 자세가 다를 것이다. 전고협 서울시 지회장은 자신을 돌아보거나, 제도적 보완책 강구보다는 신년사에서 고용노동부장관이 인가한 "(일드림협회는) 불순한 생각을 가지고 유사협회를 만들어, 이간질로 분열시키는 세력"으로 공개적으로 매도한다. 안타까움을 넘어 불화의 그림자를 드리우는 발언이다. 이제는 대승적 차원에서 갈등 표현을 자제하고, 대화와 협조로 회원사를 위해 서로 일할 때다. 그래서 진정 존경받는 협회로 거듭나야 하는 것이다.

8) 인력사업자가 갖추어야 할 기본 소양

인력사업은 누구나 할 수 있다. 남녀노소, 빈부차별이 없다. 하지만 제대로 하기는 쉽지 않다. 즉 기본자질을 갖추어야 한다. 운동이든 사업이든 기본기가 안 되어 있으면 발전이 힘들다. 인력사업은 특히 기본 요인들이 무척 중요하다. 외부에서 보는 것과 실제 사업은 천양지차다. 나는 아무 것도 모르면서 무일푼 상태에서 몸으로 부딪히며 여기까지 왔다. 행운이 아닐 수 없다. 그럼 인력사업을 하려는 분이 갖추어야 할 기본자세들을 살펴보자.

첫째, 부지런함: 사업자는 매일 새벽 04~04시 30분에 기상해야 한다. 그러므로 잠이 많거나 게으른 사람은 할 수 없다.

둘째, 근면성실: 매일 같은 시간에 출근하여 동일한 일을 반복해야 하기 때문에 기본적으로 근면성실해야 한다.

셋째, 언행일치: 많은 사람을 상대하고 소개료 등 돈을 수수해야 하기에 언행이 같아야 한다. 지킬 말만 하고 약속은 꼭 지킨다.

넷째, 적극적/긍정적 자세: 현장과 구직/구인자는 매일 다른 상황이 발생한다. 힘들고 어려운 때도 웃는 여유와 관용이 필요하다.

다섯째, 계획성/인내심: 철저한 계획성으로 일을 하다가 난관이 와도 인내와 끈기로 상황을 역전시키는 집념이 필요하다.

여섯째, 배려와 상생: 인력사무소에 오는 분은 사회적으로 상처받고 경제적 고통을 받는 분이다. 배려심과 상생 자세가 요구된다.

(출처: 오케이사업매뉴얼, 2013년 5월 발간)

위의 사항은 다른 분야에서 성공한 사람들의 덕목과도 겹치는 부분이다. 만일 위의 모든 항목을 한 단어로 표현하면 '열정'이다. 두 단어로 표현하자면 '열정과 책임감'이다. 물론 이외도 자금력, 관리력, 정보력 등을 갖춰야 되지만, 위의 6가지 기본사항이 바탕이 되어야 성공할 수 있다. 그렇지 않으면 모래 위에 지은 집과 같아서, 난관이 오게 되면 극복하지 못하고 쉽게 무너질 것이다.

9) 처음 인력사무소를 개설하려는 분들을 위한 조언

막상 인력사무소를 시작하려면 편하게 조언 받을 곳이 없다. 그래서 아는 분이나 인력사무소를 몇 곳 방문해 물어보고, 무모하게 뛰어 들었다가 낭패를 보는 분들이 많다. 인력소장 입장에서도 갑자기 사업하겠다고 불쑥 방문하는 사람에게 어찌 마음에 있는 얘기를 다 할 수 있겠는가? 경우에 따라서는 자기의 경쟁자가 될 수도 있는데…. 그러나 나는 나의 초보 시절을 회상하며 솔직한 조언을 드리고 싶다.

배워서 남주자! 아는 것을 꽁꽁 숨기고 자신들의 비밀을 외부로 발설하지 않는 동양의 문화습성은 개방적이고 토론을 좋아한 서양의 문화에 굴복하고 말았다. 발전이란 상생의 의미를 되새기는 것부터 출발하는 것이 아닐까?

무슨 사업이든 쉽고 수월한 일은 없다. 어찌 보면 가장 쉬우면서도 어려운 일이 인력사업이다. 누구나 자격요건만 갖추면 개업은 할 수 있지만 심사숙고할 점들이 참으로 많다.

우선 일거리는 어디서 받아 오며, 그 일에 맞는 사람을 어떻게 보내줄 것인가가 난제이다. 근래에도 건설경기 침체와 경영능력부족으로 문 닫는 인력업소들이 늘어나고 있다. 단순히 자금력 1~2억 원 확보했다고 되지도 않는다. 구인업체를 잘못 잡으면 소개료 10%가 수익률인데, 100% 떼일

가능성이 늘 열려있다는 걸 명심해야 한다. 그리고 싸인지 (인력업소 선 지급: 통상 30~40일 업체수금)를 세심한 정보 없이 거래했다가는 돈 받느라 시간을 다 허비할 수도 있다. 내 추정으로 30%의 신규업체는 1년 내 폐업한다고 본다. 가장 조심해야 할 것은 준비 부족이다. 폐업하는 신규사업자의 대부분은 충분한 사전준비 없이 남의 좋은 얘기만 듣고 개업하는 사람들이다. 실패할 가능성이 70%가 넘는 경우로 볼 수 있다.

인력업소 핵심 필승전략을 소개한다.

첫째: 5~10개월 충분한 시간을 갖고, 사업성 검토를 해야 한다. 일단 시작하면 물릴 수도 없다. 다양한 인력업소를 방문, 면담한다.
둘째: 2~3개월이라도 직접현장에 가서 자재정리, 시멘트, 모래 개는 법 등 현장경험을 꼭 해야 한다. 현장을 모르는데 어떻게 현장인력을 파견할 수 있단 말인가?
셋째: 인력업소와 정보교류를 확보하라. 독불장군은 없다. 구인자와 구직자 정보와 수수료를 반씩 나누는 업체를 많이 확보하면 좋다.

이외에도 다양하지만 기본핵심을 잘 지키면 실패할 확률은 그만큼 줄어든다.

건설현장 일당 노임단가표(건축경기, 동·하절기, 현장여건 따라 변동)

▶ 일반폐기물 단가표(서울지역 기준, 경기·인천 3만~5만원 운반비용 추가됨)

조공 분야	단가(원)	기공 분야	단가(원)
청소/ 단순 보조작업	8.5만~9만 원	조적 기공 6인치 블럭공	15만~16만 원 18만 원
이삿짐/ 집기 이동 자재/현장 정리	9만~10만 원	미장 기공	15만~16만 원
		메지 기공	15만 원
폼 올림/땅파기/삽질	10만~11만 원	형틀 목수	15만 원
목수/철근/설비 조공	10만 원	인테리어 목수	17만~22만 원
미장/조적/벽돌 타일/돌/니어커 조공	10만 원	전기용접 기공	15만 원
곰방(모래, 시멘트, 타일, 흙, 왈가닥) 3층 기준	12만~13만 원	타일 기공	20만~22만 원
곰방(석고보드, 다루끼, 철재) 3층 기준	12만 원	철근 기공	15만~17만 원

▶ 일반폐기물 단가표(서울지역 기준, 경기·인천 3만~5만원 운반비용 추가됨)

아시바 조공	12만 원	설비 기공	15만 원
바닥 철거 벽 철거	12만 원 12만~13만 원	아시바 기공 비계 기공	17만~18만 원
도리판 끼는 사람	10만 원	방수 기공	15만 원
철거/벽/함마질 하스리 A급	12만~13만 원	페인트 기공	15만~16만 원
칸막이 철거	11만~12만 원	공구리 기공 전기 기공	11만~12만 원
보도블럭 조공	10만 원	10만 원	10만 원

▶ 곰방 노임표(전문곰방꾼 노임, 자재물량, 소요시간 의거 증감) *2014년 5월 기준

용량	단가	용량	단가	비고
1톤	20만~25만 원	1.5톤	25만~30만 원	공통: 상차비 별도
2.5톤	35만~40만 원	특정 2.5톤	60만~70만 원	카펫, 쇼파 등 특정폐기물

*계단 1~ 2층: 11만~12만 원, 3층: 12만~13만 원,

　4층 이상: 받아치기

프랜차이즈 업체 가입 시 장·단점은?

기존 프랜차이즈 체인점의 장점은 초보자가 우수업종에 대한 본사 지원과 경영 노하우를 전수받는 데 있다. 처음 아무것도 모르고 시작하려면 막막하기만 해서 사람들은 체인점 가입을 한다. 국내에는 BBQ, 카페베네, 파리바게트 등 수 많은 프랜차이즈점이 포화 상태다. 다행히 인력사무소 체인점은 아직 초보단계다. 필자도 처음에는 두리인력파출부의 체인점으로 출발했다. 2009년 가입당시 두리인력은 20여 점포였으나, 현재는 60여 개 된다. 우선 체인점의 장점은 동일한 상호를 쓰기 때문에 인지도 효과가 상당히 높다. 수도권 어디든지 '두리인력' 하면 웬만한 구인자는 다 알고 있다고 본다.

또 다른 장점은 본사에서 그동안 축적된 인력사업 성공전략 및 운영시스템을 전수해 준다. 아울러 같은 상호를 쓰는 체인점은 구직자, 구인자를 믿고 교류하고 수수료를 반씩 나눌 수 있다. 기타 좋은 점도 있지만 반대로 주변 인력업소와는 체인점에 대한 견제와 불신으로 거래가 쉽지 않다. 내 개인적 의견으로는 특별히 준비된 신규자가 아니면 체인점 이용이 괜찮은 방법이라고 생각한다. 현재 국내 대표적 인

력관련 프렌차인즈는 두리인력파출부, 개미인력개발, 상록
건축인력 등이 거의 전부이다. 두리인력파출부는 서울, 경
기, 인천, 수도권 그리고 개미인력개발은 충청, 전라, 경상
도에서 강점이 있다.

　가맹비는 350만~500만 원이다. 각 홈피를 방문하면 상
세히 알 수 있다. 체인점으로 가입하면 각 지점 간의 정보공
유와 본사지원 등의 큰 장점이 있다. 그렇다고 만사에 손 놓
고 있어서는 절대 안 된다. "본사가 다 알아서 해 주겠지."
하는 소극적 마음은 실패로 가는 지름길이다. 처음엔 본사
홍보로 덜컥 계약해 놓고 기대에 못 미쳐 갈등을 빚다가 폐
업한 체인점도 이미 상당수 있다. 그러기에 계약 전 최소
5~7개 체인점포를 방문해 이야기를 들어보고 계약하길 권
유한다. 나도 '오케이인력파출부'라는 가맹점으로 운영을 하
고 있다. 현재 5개 업체이지만 본사의 전폭적인 지원 하에
모범적인 운영을 하고 있다. 이젠 단독이 아니라 협력하고
상생할 때이다!

5. 고용서비스 우수인증기관선정에 관한 비망록

1) 왜 우수인증기관을 지망하며, 초기과정은 어떠한가?

정부에서 주관하고 허락해주는 우수인증을 받으면 회사에 대한 공신력과 신용도가 높아진다. 엄격한 심사기준을 통과했다는 증표다. 믿고 일해도 된다는 보증을 정부가 서준 것이다. 인증평가는 회사의 운영활동, 업무과정, 인적/물적 관리 등 5개 부문에 대해 70여 개 세부항목을 평가한다. 1,000점이 만점이다. 국내 인력업소의 92%는 그 종사자가 3명 이하인 열악한 환경이다. 이런 인력사무소의 우수인증 업소 도전은 불가능에 가깝다. 인사규정집과 각종 매뉴얼 등을 모두 갖추고 평가받는 것인데 그것이 현실적으로 가능하겠는가? 다행히 나는 예전에 대기업 교육담당자의 경험이 있기에 도전해 보기로 했다.

　우리 사무소의 3대 사훈은

1. 발전된 고용서비스 제공,

2. 올바른 직업가치 추구

3. 근로자와의 동반성장

이다. 이미 체계화되고 조직화되어 있는 사람과 집단은 본능적으로 새로운 변화를 두려워하고 거부한다. 즉 기존 체제에 안주하는 것이 편한 것이다. 하지만 세상은 하루가 다르게 변한다. 법과 제도가 변하고 사람이 변하고 사람의 인식이 변한다. 현실안주가 후퇴의 결과를 낳을 수도 있다. 노동부 주관의 고용서비스 우수인증기관선정으로의 도전은 발전된 고용서비스를 제공하고 노동시장의 변화를 받아들이고자 하는 의지였다.

　쉬운 일이 아니었다. 심사 부문은 다양하고 기준은 엄격하다. 우수인증평가 대행기관인 고용정보원은 결과물만을 평가한다. 현실적으로 우수인증업소는 4명 이상의 종사자가 근무하고 있고 실질적 능력을 갖추고 있는 업소만이 통과한다. 우리 사무소는 등록인원은 4명이지만 실제로는 나와 김 대리 둘이서 전담하였다.

어떤 길을 가고자 했을 때는 반드시 나의 현재 위치를 알아야 된다. 나는 우선 내가 처한 상황을 파악키로 하였다. 그리고 그 위치에서 최선의 준비를 했다. 2013년 2월에 우수인증선정 세부 작전을 짰다. 그것은 1차 서류심사 준비사항, 2차 현장실사 세부 평가기준별 준비사항, 3차 고객만족도조사에 대비한 계획수립이었다. 그리고 70여 개 평가항목의 현황 및 문제점에 대한 보완사항을 구체적으로 기록하였다. 이렇게 하면 앞으로 그 문제점만 보완하면 되는 일이다. 막상 일을 시작하고 보니, 자신감이 생겼다. 계획수립이 아무리 잘 되어도 강한 실행력이 없으면 목표달성은 할 수 없다. 우선은 1차 서류전형 통과가 관건이다. 서류전형은 먼저 우수기관인증 신청서를 제출한다. 신청서에는 사업소 일반현황, 운영활동, 업무프로세스, 인적자원관리, 물적 환경관리, 성과에 대해 구체적 내용을 기록한다. 그리고 이를 고용정보원에 5월 말까지 제출해야 했다. 필자는 실제 내용 작성 경험이 없기에 기존 우수인증업체인 인천지역 S건축인력 자문을 받았다. 동암역 인근의 S건축인력을 직접 방문하여 우수사례와 서류작성방법에 대한 조언을 들었다. 그리고 다방면의 인맥을 동원하여 도움을 청했다.

1차 서류는 별도 스프링 책자와 관련서류를 제작하여 마감인 5월 말경 고용정보원을 직접 방문 제출했다. 같은 자료도 단순보고서 형식으로 제출하기보다는 파일링 또는 책자화하면 더 가치 있고 보기에도 좋다. 서류전형 합격일은 8월 7일이었고, 2차 현장 실사일은 9월 25일이었다. 신청자 32개 업체 중 서류전형 통과는 15개사로, 무료소개업소 3개사. 유료소개업소 12개소였다. 유료소개업소는 간병, 헤드헌터, 파출, 파견근로, 건설인력 등 업종이 다양했다. 우리 사무소는 주력 업종이 건설인력인데 무려 5개 업소가 서류전형을 통과하였다. 결론부터 말하자면 건설인력부문 최종 선정업체는 1개 업소이며, 우리 OK두리인력이었다.

서류전형 발표일 이후 현장실사까지 48일의 준비기간은 그야말로 전쟁이었다. 실사기준에 맞추기 위해 각종자료를 정리하고, 없는 자료는 새로 만들었다. 마치 무에서 유를 창조하는 듯했다. D-47일부터 카운트다운에 들어갔다. 그 기간 중 퇴근시간은 밤 11시였고, 휴일과 추석도 안중에 없었다. 그리고 그 노력의 열매는 달디 달았다.

2) 현장실사에서 우수인증기관 최종선정 단계까지

인력소장은 저녁 때 근로자 노임 지급이 끝나면, 한시 빨리 귀가해 쉬고 싶다. 사무소를 운영하면 예기치 못한 상황이 종종 발생한다. 그게 스트레스다. 운 좋게 아무 일 없이 하루가 마감되면 서둘러 집으로 향하는데 현장실사를 앞두고는 세부적 실사준비를 위해 밤 11시 넘어 퇴근했다. 현장실사는 처음이므로 호기심과 두려움이 앞섰다. 12시가 넘어 집에 돌아와 잠을 잤다. 그리고 새벽 3시 30분에 일어나 사당역 사무소로 향했다. 수개월째 계속된 강행군이었다. 감기가 몸에서 떠나지 않았다. 그러나 나도 우수인증업체선정을 떠날 수 없었다. 포기할 수 없었다.

  현장실사 준비과정은 1차 서류전형 준비보다 힘들었다. 우리 사무소에 몇 명이나 근무한다고 인사관리규정과 월급대장, 구인자. 구직자 상담기록 등등을 제대로 갖출 수 있겠는가? 심지어 장애인 복지카드와 출력일자 그리고 화재보험 증권 등도 준비해야 했다. 관련 주관사 고용정보원은 영세 인력사 입장은 고려치 않고 규정대로 관련 자료를 기계적으로 요구했다.

  현장실사 일은 2013년 9월 25일, 추석 연휴 다음 주여서 추석날에 부모님도 못 찾아 뵙고 김 대리와 함께 마무리 점검을 했다. 통상 현장실사에는 해당일 9시 반경 4~5명이 방문한다. 고용정보원 감독관 1명, 분야별 심사위원 3~4명이 사무소에 도착하여, 곧장 감독관 주관으로 분야별 세부 사항을 확인·점검한다. 다행히 나는 15일 전 인천 인력사가 재인증 받는 현장을 직접 참관할 기회가 있었다. S건축 인력 대표님의 배려였다. 대표님은 주요 심사관련 자료까지 보여 주셨다.

나는 실사현장에서 심사위원들이 재인증 업체라 하더라도 봐주지 않고 원칙대로 엄격하게 심사한다는 것을 알았다.

'3년 전에 이미 통과했던 재인증 업체도 이렇게 힘든데….'

남은 2주일 동안 더욱 철저히 준비하리라고 마음먹었다. 서울 사무소에 도착해 부족한 점을 파악하고 분석하여 해결했다.

그리고 드디어 운명의 9월 25일! 회사등록 직원 4명과 보조원 큰딸 진주까지 총 5명이 참여한 가운데 현장실사가 진행되었다.

지적사항이 나왔다. 업무를 전 직원이 나누지 않고 거의 대표가 독점한다는 점과 구인관리 자료를 수기로 작성하는 점 등이었다. 지적사항을 듣는 순간은 다리가 풀려 그 자리에 주저앉을 듯했다. 드디어 감독관이 최종 결과는 발표하는데 그때의 그 기쁨이란…. 왜 해방 소식을 듣고 사람들이 거리로 뛰어나가 만세를 불렀는지 알 것도 같았다.

우리가 우수인증기관으로 선정될 수 있었던 요인은

첫째, 우리의 문제점과 부족함을 철저히 파악해 보완한 것

둘째, 기존 우수인증업소와 우호적 관계로 정보를 습득해 현장실사에 활용한 것

셋째, 제출 자료와 매뉴얼을 책자로 제작하여 실무적용과 전시효과를 동시에 살린 것

등이 주효했다. 우리는 불가능의 산을 함께 넘은 것 같았다. 무엇보다 취약계층에게 실질적 도움을 줄 수 있는 발판을 만든 것 같아서 나의 생이 한층 폼 나 보였다. 물론 그에 따른 책임감은 늘 잊지 않을 것이다.

3) 고용서비스 우수인증기관이 되는 필승전략

우수인증기관이 되는 필승전략은 2년 이상의 충분한 준비기간과 불굴의 정신무장이다. 정부(고용노동부)에서 우수인증기관으로 선정해 준다는 것은 고용서비스부문에서 업계 최고 권위를 인정한다는 것이다. 통상 인력업소는 직업소개소라는 사회적 편견 때문에 대외적으로 영업활동을 할 때 제약사항이 많다. 그러나 공인된 자격을 갖추면 대기업 및 주요고객을 상대할 때도 상당히 유리하다. 그러므로 우수인증

업소는 인력업계 최상위 신용등급 수준이라고 보면 된다. 대외적으로 인정을 받고 사업여건을 향상하는 데 매우 중요한 자격요건이다.

그러나 상당수 인력업소는 우수인증기관이 있는 줄도 모른다. 이에 나의 노하우를 공개할까 한다. 우수인증기관 되려면 서류제출 최소 2년 전에 시·구청에 보내는 매 반기 1회 실적자료부터 잘 챙겨야 한다. 심사기준은 당해 연도를 제외한 3년 전 관리 자료부터 요구한다. 또한 기존 동종업계 우수인증업소를 탐방하여 자문받는 일을 꼭 권하고 싶다. 아울러 우수인증 평가지표를 세밀히 분석해, 미흡한 부문을 냉정히 판단하여 지속적으로 보완해야 한다. 특별히 직원 20명 이상의 대형업체를 제외하고는 대표자가 먼저 300% 노력하고 앞장서야 한다.

새로운 결의를 하고 힘차게 시작해도 작은 어려움으로 중도포기 하는 사람들이 많다. 이는 욕심만 앞서고 충분한 사전점검을 안했기 때문이다. 그러나 포기의 유혹을 견디고 목표에 도달한 자신을 상상하자. 단언컨대 그 성취의 보람과 기쁨은 놀랄 만큼 크다. 나는 수많은 좌절과 난관에서 우수기관이 되었기에 도움을 요청하는 분은 누구나 도와주고

싶다. 일부 풍부한 자금력과 경험을 가진 인력업소를 제외
한 대부분의 인력업소는 한 차원 높은 도약이 절실히 필요
한 때이다.

6. 고용서비스 혁신우수 사례

1) 내부고객(구직자)을 위한 우수 사례

· 근로자 복지차원에서 컵라면, 장갑 등 무료제공 사례

건설일용근로자는 통상 작업 시작 시간은 6시 30분부터 9시까지 불규칙하다. 그래서 근로자가 아침식사를 거르고 빈속에 일을 하는 경우가 종종 있다. 이러한 문제점를 해결하고자 OK두리인력은 지난 2010년 10월 이후 컵라면, 찐 계란 등을 무료 제공해 왔다. 현재는 현장용 장갑, 각반, 생수 물병까지 지급하고 있다. 다만 식사와 다르게 장갑은 월 4회, 각반 년 2~3회, 생수는 월 5회 이내로 제한하여 수령자가 비치대장에 직접 성명, 품목을 싸인하고 가져가게 한다.

또한 별도로 대여용 안전화를 늘 비치하여 안전화를 가져
오지 못한 사람들에게 무상으로 대여해주고 있다. 안전벨트
와 안전모도 구비해 놓았는데 소형현장에서 긴급히 요청하
여 빌려가곤 한다. 이러한 준비는 고객서비스 차원으로 회
사에서 제공하는 것이며, 사무소에 설치된 발전기금 성금함
에서 40%를 충당하고 있다.

2) 내·외부고객을 위한 우수 사례

· 사회취약 계층을 돕기 위한 성금함 운용 사례

우리 근로자들도 힘들지만 더 어려운 이웃을 돕게 되면 우
리의 삶은 한 단계 도약의 길을 걷게 된다. 우리 오케이두리
인력은 2010년 3월 1일부터 사무실 내에 아크릴판으로 큰
성금함을 만들어 놓았다. 자발적 참여로 어려운 이웃을 돕
자는 취지였다. 2010년 12월 17일, 그동안 모은 성금으로

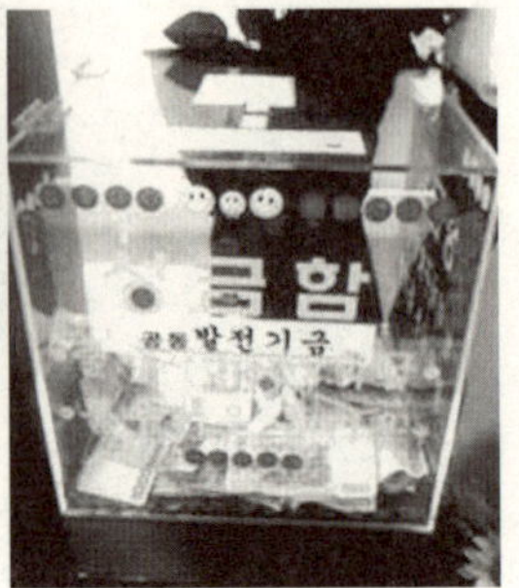

건설일용근로자 자녀 2명에게 장학금 60만 원씩 지급하였다. 그리고 일부분은 근로자들의 유대 강화 및 사기진작을 위해서 야유회, 등산대회 등을 하는 데 사용하였다. 100원, 1,000원을 아껴서 성금함에 넣는 일이 여러 사람과 기쁨과 행복을 나누는 일이다. 바로 이것이 인간의 삶이 아닐까? 최고 위치에 있는 고등동물로서의 자존감이다.

근래 2013년 9월~10월에는 서울 석촌동 소재 서울시각장애인 복지관 등에 250만 원을 후원했다. 이는 교통사고 등 각종 후천적인 요인으로 인해 실명한 사람들의 아픈 사정을 전해 들었기 때문이다. 그래서 그동안 모은 성금과 개인적인 동참으로 모은 쌀 10kg 32포와 라면 10박스 등을 보내게 되었다. 처음에는 "우리가 불우이웃이다."라며 반대하던 일용근로자들도 좋은 취지에 기꺼이 동참하면서 주는 사람의 행복을 알게 되었다. 앞으로도 우리 오케이 가족은 힘든 이웃의 고통에 동참하면서 함께 더불어 살려 한다!

3) 내·외부고객(구인, 구직자)을 위한 우수 사례

· 고객만족도 평가를 통한 고객만족 및 포상 사례

건설일용근로자의 경우 현장에서 아무리 열심히 일을 해도 본인 자신에게는 정해진 일당 외에는 아무런 혜택이 없다. 또한 구인자의 경우에도 작업자가 하루 일한 결과에 아무런 평가를 할 수 없다. 이러한 문제점을 개선하기 위해서 OK인력에서는 2년 전부터, 자체적 평가서를 만들어서 아침 출력 전 근로자에게 지급하여 고객만족도 조사를 실시한다. 현장에 도착하면 팀장은 정중히 인사하고 예쁜 봉투에 담긴 고객만족도 평가서를 전달하면서 "오후 3시경 평가서를 저에게 돌려주세요." 하고 말한다.

평가서 내용은

1. 오늘 작업내용에 대해 만족하십니까?

2. 앞으로 작업계획은?

3. 개선 및 건의사항은?

등등이다. 근로자들이 기재내용을 받아서 매우만족, 만족 등은 사무소에 제출하도록 유도하고 평가항목 보통 이하는 미제출해도 무관하다고 알려준다. 미제출자도 전혀 불이익은 주지 않으며, 오직 제출자만을 대상으로 매우만족은 적색 라벨, 만족은 녹색 라벨로 눈에 잘 보이는 벽면에 부착한다. 이를 통해 고객만족도가 한 눈에 들어오고 작업자의 우열도 비교 평가할 수 있다.

적색 라벨은 1개당 1,200원 녹색은 1,000원의 포상금을 지급한다.

분기당 1회 시상을 하지만 본인이 포상금 수령의사를 밝히지 않으면 연말에 총괄적으로 고객만족 대상, 최우수자, 우수자 등을 시상한다. 상금 총액은 년 간 300만~500만 원이다, 이는 절대 아까운 돈이 아니다. 만족 평가를 받은 현장이 늘어 갈수록 인력업소 수익도 증가하니 바로 이것이 상생이 아니고 무엇인가? 근로자도 고객만족이 실질적 돈으로 돌아오니 아주 즐겁게 참여하게 되며 모두가 만족하는 시스템이 되고 있다.

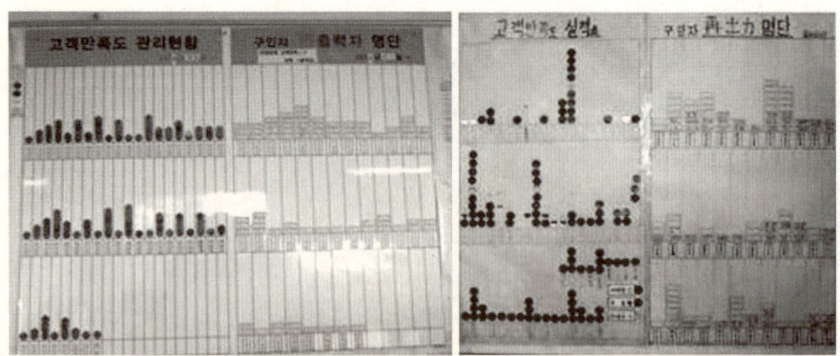

7. 나의 인력사업 비전과 목표

나는 왜 인력사업을 하는가? 우선 생계를 위한 수단이다. 하지만 그것만이 전부는 아니다. 국내의 열악한 일용근로자 고용서비스 수준을 한 단계 높이는데 꼭 일조하고 싶다. 인류최초로 달 착륙한 닐. 암스트롱은 "한 사람에게는 작은 발걸음이지만 인류에게는 위대한 도약이다."라고 말했다. 나도 그를 흉내낸다. '한 사람의 작은 발걸음이 업계에는 거대한 도약이 될 수 있다.'

작지만 혁신적 제도를 도입해 검증해 보고 좋으면 업계 전체에 홍보하고 자료를 제공하려고 한다. 아직도 인력업계는 대부분 열악하다. 서로 믿지 못하기에 구직·구인자에 대한

상호 정보교류도 없고 관련 협회도 새로운 경영시스템 개발
에 적극적이지 않다. 하지만 그런 환경을 탓하기 전에 나부
터 한 걸음씩 업계 현안을 개선해 가고자 한다.

내 인력사업에 대한 비전과 목표는 우선 구직자, 구인자,
인력소장 모두가 만족하는 시스템을 개발하고 나눔과 상생
을 실천하는 것이다. 이는 혼자 힘으로는 안 된다. 하나님은
내가 고용서비스우수기관으로 선정되게 해 주셨고 일드림
협회에서 홍보위원장으로서 그 일을 감당하게 하셨다. 대외
적으로는 일드림협회와 건설일용근로자협동조합을 통해 그
일을 이루고 싶다.

내부적으로는 제대로 된 우수인증기관의 역할을 하고 싶
다. 단지 우수인증기관 타이틀을 걸어 놓고 영업하는 곳이
아닌, 최신 고용시스템의 선봉이고 싶다. 그래서 국내 최고
의 인력사무소로 거듭나고 싶다. 그런 측면에서 우리 OK인
력사무소는 구직자에 대해 장갑, 컵라면 등 무료제공, 구인
자에게 현금마일리지 적립제도 운영, 작업자 능력에 따른 노
임수령 방안시행(양식 별첨.1) 등 혁신적이며 다양한 실험들을
하고 있다. 이제는 인력사업도 변신하지 않으면 도태될 것이
다. 국제화·선진화·대형화·협력화되어야 살아남을 수 있
고, 그 길이 지금 내 앞에 놓여 있다.

1. 작업자 능력에 따른 노임수령 기본양식 사례(별첨. 1)

OK 두리인력 출력표(싸인지 업체 제외)				
201 년 월 일		신규제출		준수사항
상호-현장				1. 구인자 작업을 자기 일처럼 할 것
구인자 전화				2. 작업시간 30분 전, 식사 후 10분 전 현장도착, 작업준비 완료할 것
직종	잡부, 기공	노임단가	만 원	3. 현장에서 구인자와 일비협상 불가, 필히 본사 지시 받을 것
주요 작업		도착시간		* 보람과 긍지를 가지고 즐겁게 웃으면서, 신나게 일합시다!!
		인원	명	**대표 1577 – 3501**

* 작업자 성명:

* 구인자 향후계획/ 건의사항(구인자 기재요망)

서울, 경기 전지역 인프라 구축
* 기업은행 010745-96866
김한성(예금주)

작업자 만족도에 따른 개별 보너스 지급 확인서

* 본 확인서는 열심히 일하는 작업자는 기본노임 외 인센티브로 추가 보너스 노임을 지급해 동기부여와 작업효율성도 높이는 제도이니 적극 협조바랍니다.

1. 오늘 작업내용에 대해 전반적으로 만족하십니까?

① 매우만족　② 만족　③ 보통　④ 불만족=불만족 시 사유 ______

2. 대상 작업자 인센티브 노임 기록내역!(보너스 대상자만 기재요망)

작업자 성명	기본 노임	추가 보너스 금액 (5천 원~2만 원 이내)	기타
	원		
	원		
	원		
	원		

* 기록자 회사상호(　　　　　) 직 급(　　　)

* 성 명(　　　) 싸 인 ________ 휴대폰: _________

오케이두리인력 김 한 성 대표 귀하

8. 건설일용근로자협동조합 설립배경 및 추진현황

협동조합은 조합원이 주인이 되어 사업을 하는 기업의 한 형태이다. 기존의 자본주의 경제방식에서는 주주가 주인이다. 그러나 협동조합은 조합원이 주인이 되어 이익을 나눠 갖는다. 국내 협동조합은 2012년 12월 도입되었고, 2014년 4월 10일 현재 4,000여 개가 넘어섰다. 매달 200개씩 생겨나는 수치다. 선진국에서는 벌써 기틀을 잡았으며, FC 바르셀로나, 썬키스트, AP통신 등도 협동조합이다. 협동조합은 사회적 양극화 해소, 저소득층 실업문제해결을 위한 유용한 수단이다(출처: 한국일보. 2014. 4. 15).

국내 최초의 건설일용직 중심의 건설일용근로자협동조

합(약칭, 건근협 이하 동일)은 2013년 8월에 설립되었다. 필자도 집행부의 일원으로 참여했고, 현재 조합원은 30여 명이다. 건근협은 건설일용근로자의 수익증대와 복지증진을 최우선 과제로 한다. 건설일용근로자 스스로의 힘으로 법적단체를 조직한 사례는 처음일 것이다. 건근협은 지금 막 걸음마를 뗀 아기다. 자금, 조직, 수익구조 등에서 열악하다. 향후 소규모철거, 집수리공사 등을 해도 초보단계의 협동조합은 많은 한계를 가지고 있다. 그래서 구청 및 공공기관의 협조, 건설근로자공제회 등과의 상호협력을 통해 어려움을 극복해 나가려 한다.

현재 정부는 자립하려는 취약계층, 저소득층을 적극지원하며 돕고 있다. 그것이 사회정의다. 새벽 4~5시에 일어나, 하루 종일 비땀을 흘리며 살려고 발버둥치는 일용근로자를 돕는 것이 사회정의이다. 그런 측면에서 건설근로자공제회(건근공)는 당연히 건근협을 도와야 한다. 건근공은 건설일용근로자 퇴직공제금 2조 2천억으로 운용되는 거대조직이기 때문이다. 나라의 주인이 국민인 것처럼 건근공의 주인도 건설일용근로자이다. 그러나 건설근로자공제회의 관계부서 책임자들은 일용건설근로자들 위에 도움을 주기는커녕 군림하려는 자세를 취한다. 주인을 몰라보는 몹쓸 일이다. 언젠가는 정상적인 자리매김할 날이 올 것이다.

9. 건설인력업계와 근로자를 위한 총평

이 책 제1부는 건설일용근로자와 인력업계가 처해 있는 실태와 문제점을 찾았고 그 대안을 제시하였다. 누차 언급한 대로 일용근로자와 인력업계는 위기상황이다. 이는 스스로의 힘으로 헤쳐 나갈 분야와 관련부처의 협력을 구할 일로 구분하여 그 해결책을 찾아야 한다. 건설일용근로자들과 인력업계는 사회경제적으로 중요한 역할을 하면서도 큰 관심과 지원을 못 받고 있다. 이제는 스스로 깨어나 스스로의 존재 가치를 인정받아야 한다. 국내 여건은 좋아지고 있다. 정부는 일용근로자와 같은 취약계층 지원을 증대하고 있으며, 인력업계의 권익은 동종협회 등을 통해 점점 향상되고 있다.

예를 들면 일드림협회는 체불노임이 발생하면, 집회 등을 통해서라도 거의 100% 받아주고 있다. 예전과는 확실히 다른 면모다. 건설일용근로자도 이제는 협동조합 등을 통해 자기 목소리를 내야 한다. 절실한 만큼 성과도 있을 것이다!

혼자의 힘으로 목표달성은 어렵다. 개인의 각성과 노력은 물거품이 되기 쉽다. 현재 건설일용근로자는 4대 보험 중 국민연금, 건강보험 가입률이 20%가 안 된다. 또한 건설근로자 퇴직공제를 통한 노후보장도 미흡하다. 산재 피해자의 절반이 50세 이상인데 그 보상금액은 아주 적다. 이와 같은 여건을 타파하기 위해서는 건설일용근로자 스스로 권리를 지켜야 한다. 아니면 자기 대신 그 일을 할 수 있는 단체를 밀어 주어야 한다. 만일 협동조합이 활성화된다면, 위의 열악한 조건을 모두 만족시킬 수 있을 것이다.

근대 철학자 파스칼은 『팡세』에서 "나는 신음하면서 구하는 자만을 시인할 수 있다."라고 하였다. 이처럼 인력업계와 건설일용근로자는 진지하게 자기 살 길을 찾아야 한다. 나는 부족하지만 그분들의 아픔을 대변하기 위해 노력했고, 일정부분 성과도 있었다. 이제부터는 개인이 아니라 고용서비스우수인증기관 대표자 자격으로 유관단체와 연대하며 일할

것이다. 그래서 나눔과 섬김 그리고 동반성장의 길을 힘차게
갈 것이다.

PART 2

삶의
역경과 환희

1. 내 인생
최고의 순간

애절한 사연과 가슴 아픈 굴곡의 삶이 어디 나쁠까? 내가 꼭 다른 이들보다 가슴 아픈 일을 많이 겪었고 인생의 희비 교차가 심했다고는 말할 수 없다. 다만 나는 지난 과거를 돌이켜 빛과 어둠을 구분하고 이를 상기하며 미래를 설계하는 타산지석으로 삼고 싶다.

자기를 가장 잘 아는 사람은 바로 자신이다. 명암이 교차되었던 나의 지난 54년을 돌아보는 일은 정말로 즐겁고 흥분되는 경험이다. 그럼 우선 살면서 최고로 기뻤던 순간은 무엇인가?

1) 4회 도전 끝에 따낸 산업안전기사 1급 합격일

사법, 행정고시도 아니고 객관적으로 평가할 때 산업안전기사 1급 시험은 절대 어려운 시험이 아니다. 그런데 필기시험에서 3번이나 떨어졌다. 그렇다고 4번째 시험을 연속해서 볼 수는 없었다. 군대에 가야 했기 때문이다. 결국은 군복무를 마치고 나서야 산업안전 기사 1급에 합격했다.

나는 제대와 동시에 1988년 7월 쌍용자동차에 입사했다. 그런데도 산업안전기사에 대한 꿈을 포기하지 못했다. 이건 오기였다. 평택 공장 기숙사에서 밤 12시를 넘겨가며 공부했다. 드디어 1988년 12월 초 필기시험과 실기시험을 한꺼번에 통과했다. 발표 장소는 제기동역 인근의 산업인력공단 게시판이었다. 실기시험을 못본 듯해서 큰 기대는 안 했는데 합격자 명단에 있으니 정말 기뻤다.

당시 나는 소개팅에서 만난 아내와 연애 중이었다. 그런데 무슨 사소한 일 때문에 냉전기를 보내고 있었다. 나는 아내를 불러냈다. 그리고 무엇이었을지 모르는 나의 잘못을 정중히 사과하고 자격증을 선물했다. 아내는 뽀로통하다가 이내 웃는 얼굴로 볼에 키스를 해주었다. 그리고 축하주를 마셨다. 그때가 내 인생 최고의 날이 아니었을까?

2) 81년도 종각 YMCA 다방에서 분실했던

400만 원을 찾은 일

내가 중앙대 2학년 때의 일이다. 아르바이트를 하면서 어렵게 공부를 하고 있었다. 지금처럼 아르바이트가 많던 때가 아니었다. 공업고등학교 출신이었던 나는 그 분야의 자격증을 가지고 있는 선후배들을 많이 알았다. 그런데 실제 현장에서는 자격증 없이 일하는 사람이 많았다. 그래서 자격증을 가진 사람과 자격증이 필요한 현장 사람들을 연결해주고 소개료를 받았다. 당시에는 그런 일이 흔했고 나는 당장의 생계와 학비를 해결해야 했다.

어느 날 자격증을 빌려준 지인들에게 전해줄 돈 200여만 원과 내 돈 200여만 원이 든 작은 손가방을 들고 다방에서 공중전화를 했다. 그리고 밖으로 나왔는데 아차, 그 가방이 없었다. 나는 번개처럼 다시 다방으로 뛰어 들어갔다. 공중전화기 옆에 가방은 없었다. 앞이 캄캄했다. 하늘이 무너졌다. 내 돈은 분실했다고 쳐도 자격증 주인에게 줘야 할 200여만 원은 어떻게 한단 말인가? 고스란히 물어줘야 할 판이다. 나는 정신을 가다듬고 계산대로 다가갔다.

"혹시 공중전화 박스에서 돈이 든 손가방을 주워서 맡긴 분 있나요?"

"글쎄요. 누가 맡겨 놓긴 했는데 그게 당신 돈이라고 어떻게 믿나요?”

나는 그 지갑의 돈 총액과 서류 등에 대해서 말했다. 그제
서야 다방 아가씨는 내게 가방을 넘겨 주었다. 지금의 화폐
가치로 보면 5천여만 원이나 되는 돈이다. 지금도 나는 가
끔 종각 YMCA 빌딩을 지날 때면 그날이 생생하게 떠오른
다! 껌을 질겅질겅 씹으며 가방을 건네준 아름다운 종업원
아가씨.

3) 인력사업 초기에 기적적으로 임대보증금 납부한 일

인력사업 초기에 나는 무일푼이었다. 임대보증금 1,500
만 원 중에 계약금 100만 원은 겨우 빌렸는데, 남은 잔금은
도저히 구할 수 없었다. 당시 나는 두리인력파출부 사당역
체인점에 가입했었다. 김두일 회장님은 당시 30여 개 체인
점을 가진 ‘두리인력파출부’ 본사 대표였다. 난 절실했고 무
모했다.

“회장님. 이번에 한 번만 도움을 주시면 평생 은인으로 알
겠습니다.”

“그래. 그럼 그렇게 하지 뭐.”

놀란 것은 나였다. 그렇게 큰돈을 무작정 빌려달라는 내게
회장님이 놀란 것이 아니라 아무 조건 없이 흔쾌히 빌려주

겠다고 하신 회장님의 말씀에 내 입이 쩍 벌어졌다. 회장님
은 운영비로 쓰라며 오백만 원을 더 얹어 2천만 원을 빌려
주셨다.

　나는 2009년 11월 남은 잔금을 납부하고 지금에 이를 수
있었다. 김두일 회장님 덕이다. 그런데 그분은 무슨 생각으
로 그렇게 쉽게 돈을 빌려주신 걸까?

2. 내 인생 최악의 사건

1) 앵두 따먹고 도망가다 잡혀서 고막 파열된 일

나는 중학교 때 신문을 돌렸다. 지금의 삼성동 한전 본사 뒤편이 내 무대였다. 앵두나무가 많은 집이 있었다. 그리고 그 집은 내가 신문을 넣어주는 집이었다.

그날도 나는 학교를 마치고 신문을 돌렸다. 앵두나무 집에 신문을 넣고 돌아서는데 아, 앵두가 그처럼 탐스럽게 나를 유혹할 줄 몰랐다. 배가 고팠다. 한창 먹을 나이에 무거운 신문을 들고 뛰어다니니 늘 배가 고팠다. 나는 마당으로 살금살금 기어 들어갔다. 그리고 내 고인 침을 달래줄 앵두를 하나둘 따먹었다. 그때 갑자기 "누구야!" 하는 소리가 들렸다. 나는 뒤도 돌아보지 않고 도망쳤다. 그런데 앵두나무 주인은 장발장을 잡아넣은 빵집 주인 같았다. 기어이 그 꾸불꾸불한 골목길을 헤치며 나를 잡으러 달려 왔다. 무거운 신문을 든 나는 곧 잡히고 말았다. 주인은 나를 잡자마자 "이 새끼가~" 하는 욕설과 함께 나를 때렸다. '퍽' 소리와 함께 '윙' 하며 귀가 멍멍해졌다. 하늘이 노래졌고 나의 고막은 파열되었다.

이로 인해 나는 평생 귓병 때문에 큰 고생을 하고 있다.

2) 베트남 사업이 망하고 아내에게 뺨을 맞다!

사실 이 사연은 공개하고 싶지 않다. 하지만 인생 최악의 순간을 꼽으라면 빼 놓을 수가 없는 스토리다. 지금도 그때를 돌아보면 얼굴이 화끈거린다. 나는 2007년부터 베트남 호치민에서 공장건축 사업을 하다가 2008년 10월경 미국발 금융위기로 문을 닫고 완전히 빈주먹으로 돌아왔다. 당시의 참담함과 허무감은 이루 말할 수 없다. 정말 살고 싶은 마음이 없었다. 자살하는 사람의 심정이 충분히 이해되었다. 태산 같은 빚과 카드대금 수억 원 앞에서 죽음을 생각하지 않는 사업가가 얼마나 되겠는가? 나는 인천공항에 도착하자마자 교회로 달려가 박 목사님을 찾았다.

“집에 돌아가서 아내에게 그동안 속인 일과 밀린 빚을 다 고백하면 하나님이 해결할 겁니다.”

나는 집으로 돌아와 목사님의 말씀에 따랐다. 아내의 울음은 쉽게 그치지 않았다. 나도 그냥 따라 울고 싶었다.

“그래 더 말해봐! 어차피 이리된 것 숨기지 말고.”

나는 있는 이야기 모두를 사실 그대로 고백했다. “이제 내 목숨은 당신에게 있어요.” 하는 마음이었다.

내 얘기를 다 들은 후 아내는 “그래! 지금까지 나 몰래 평창 땅 팔아먹고 각종 빚이 많아서 살기가 힘들었겠네. 당신이 하고 싶은 대로 했으니 내가 바라는 일도 들어줄 수 있어?” 하고 물었다.

“그래 뭐든지 할게. 뭐든지…. 어떻게 하면 되는데?”

“고개 들어봐.”

아내의 오른손이 들리더니 ‘짜악’ 소리가 났다. 어찌 그리 소리가 명징한지…. 아내가 내 왼뺨을 세차게 때린 것이다. 선생님의 폭력이 난무했던 우리 세대라지만 난 학교 선생님에게도 그리 세게 맞아 본 적은 없었다. 눈물이 핑 돌았다. 아픔보다 서러운 마음이 들었다. 아내에게 이렇게 맞고도 아무 할 말이 없는 신세라니….

“한 번 더 들어봐.”

나는 다시 고개를 들었고 아내는 다시 한 번 ‘짜악’.

아니, 무슨 여자가 아무 감동도 만들지 못하고 때리기만 하는 건지. 한 대 때리고 나서 "힘을 내서 다시 잘 살아보세." 뭐 이런 말을 하면 부부가 감동하고 다시 사랑하고 그러는 건데 연달아 두 대를 날리다니.

아내는 연이어 두 대를 때리더니 다시 고개를 들라고 하지는 않았다. "휴…." 이후 나는 하나님의 은혜로 빚을 모두 갚고 힘차게 살고 있지만 오늘도 그때를 돌아보면 '한 대만 때릴 것이지' 하고 웃음이 난다.

그리고 아내가 진실로 고맙다. 만일 한 대로 끝났으면 나는 아직도 정신을 못 차리고 있을지 모른다. 아내 앞에서 나는 항상 바보다.

신혼여행. 승마장

3. 나의 고향
제천 성장기

과 구담봉이 있는 유명한 관광지다. 지금은 서울에서 두 시간이면 도착하는 수도권 인근의 도시지만 40년 전의 제천은 그야말로 깡촌이었다.

우리 마을은 단양군에서 30km, 충주시내에서 약 100리 거리에 있다. 수리 부락은 산중마을로써 저 멀리 경상도와 경계를 이루는 1,000m가 넘는 문수봉을 한눈에 볼 수 있다. 마을은 40여 호이며 앞이 시원스레 트여 있는 산촌이다.

나는 제천시 수산면 수리 79번지에서 1961년 1월 25일, 2

남 1녀 중 차남으로 태어났다. 아버지는 5남 1녀 중 막내로
서 우리 김씨 집안엔 사촌 형제들이 많았다. 할아버지 고향
은 경남 창녕군 계성면 광계리다. 일제 때 가족이 모두 제천
으로 이사를 왔단다.

　당시 수리부락은 국내에서 손꼽히는 중석 광산지였다. 아
버지 5형제는 의좋은 말썽꾼, 일 잘하는 형제들로 유명해서
인근에서 모르는 사람이 없었다. 아버지는 성격이 조용하고
술을 좋아하셨다. 그러나 농사철에는 금주를 선언하고 일에
만 전념하셨다. 농사만으로는 살 수 없었다. 아버지는 광산
에서도 일을 하셨다. 일제 강점기 때였다. 광산일은 먼지와
돌가루를 먹으며 하는 일이다. 당시 안전장비가 있을 리 없
었다. 아버지의 들숨 날숨은 먼지와 돌가루를 막아낼 수 없
었다. 폐가 안 좋아지셨고 기침이 잦아졌다. 진폐증이었다.
아버지는 결국 내가 초등학교 1학년인 여덟 살, 초여름 장
마 때 돌아가셨다.

　모두 배곯던 시절이었다. 그러나 우리 집은 마을 입구에서
가게를 운영했다. 논과 밭도 5,000여 평이 넘었다. 다른 집
보다 조금은 여유가 있었다. 어머니는 아버지가 안 계셨어도
가정을 꽤 잘 꾸려나가셨다. 어머니는 남자처럼 화통하셨다.
그리고 잔정이 많으셨다. 이웃을 배려하기에 주저함이 없었

고 남에게 폐 끼치는 일을 싫어하셨다. 어머니는 리더십도 보통이 아니었다. 품앗이 농사가 있을 때는 어머니가 진두지휘를 담당하셨다.

나는 여덟살 때 인근 대전 초등학교에 입학했다. 키가 크고 힘이 세 보였는지, 1학년부터 6학년까지 줄곧 반장

1971년 가족 소풍

을 지냈다. 당시 반장은 목소리 크고 청소 잘 시키며, 선생님 심부름을 잘 하면 되는 것이다. 물론 공부도 상위권이어야 했다. 홀로 되신 어머니는 그런 나에게 기대가 크셨고, 늘 자랑스럽게 생각하셨다. 나는 그런 어머니의 기대를 저버리지 않으려고 노력했지만 걱정도 늘 함께였다.

나는 어머니가 옆에 있으면 마냥 좋았다. 잠잘 때도 여동생과 어머니 젖을 한쪽씩 만지다가 잠들곤 했다. 어머니는 큰 산이요, 든든한 버팀목이요, 안식과 위안을 주는 휴식처였다. 형과 어머니는 사이가 좋지 않았다. 장남인 형에 대한 기대를 형이 충족시켜주지 못했기 때문이리라. 형에게만은 늘 엄격한 어머니셨다.

훗날 형님은 어머니를 모셨다. 그리고 어머니는 형님 댁에서 돌아가셨다. 어린 시절을 조근 조근 곱씹으며 회한과 추억에 젖어 행복해 하셨다.

여동생은 당찬 아이였다. 고등학교를 고학으로 마쳤고, 30세가 넘어 요가 강사를 시작하기도 했다.

1973년에는 우리 마을에도 서울 이주 바람이 불었다. 그해 3월 우리는 청담동으로 이사했다. 나는 언북초등학교 6학년으로 전학했다.

"공부는 서울 큰물에서 해야 한다."고 어머니가 말씀하셨다. 우리가 서울로 이사 온 가장 큰 이유였다.

대전초교 26회 6학년 1반

4. 서울 전학으로
새로운 세계를 접하다

그 시절 영동·강남 개발의 중심이 바로 청담동, 역삼동, 양재동 등이었다. 청담동은 논과 밭이 대부분이었고, 양재동은 논이 대부분이었다. 그러나 역시 서울이었다. 논과 밭의 동네였어도 언북초교 학생들은 대다수 부유했다. 옷도 잘 입고 영양가 있는 간식도 먹었다. 당시 삼각형 서울우유를 많이 마셨는데 나는 먹고 싶어도 먹지 못했다. 집에다 사달라고 조를 수가 없었다.

우리 가족은 전셋집을 얻고 음식을 파는 조그만 가게를 열었다. 그러나 장사는 안 됐다. 어머니는 벽돌공장에 밥을 해서 나르는 일을 찾았다. 1km나 되는 먼 거리였는데 어머니

는 밥을 머리에 이고 배달하셨다. 나는 그런 어머니의 모습
이 부끄럽진 않았다. 다만 가슴 한쪽에 무거운 돌멩이가 얹
힌 것 같았다.

　마침 한반에 허율이란 친구가 동아일보 배달을 한다고 해
서 나도 소개시켜 달라고 했다. 조금이라도 돈을 벌어 어머
니를 돕고 싶었다. 처음엔 잠원동 지역에 40부 정도를 배달
했다. 방과 후 신사역에 도착하여, 오후 네 시경 신문을 돌
리면 일곱 시쯤 끝났다. 집에 도착하면 저녁 여덟 시였다.

　그렇게 한달을 일하여 첫 달 월급 이천 원을 받았다. 적은

동아일보 배달 소년 소풍. 중1. 1974년 봉은사

돈이었지만 나는 돈을 받아들고 집으로 신나게 달려갔다.

"엄마! 신문 돌려 첫 월급을 탔어요."

어머니가 기뻐하시다가 이내 한숨을 길게 내쉬었다.

"한참 자랄 때는 운동을 많이 해야 빨리 키 크고 건강하대요."

나는 어머니의 한숨을 진정시키고 싶었다. 어머니는 나를 꼭 안고 등을 두드리셨다.

"그래, 장하다. 내 아들! 조금만 참아라. 조금만…."

당시 가장 가슴 아픈 사연을 소개하면, 내가 신문 넣는 집

세종 중학교 졸업기념(77년 2월, 어머니와)

에 어머니는 고향 인삼을 팔기를 원하셨다. 그래서 나와 가까운 구독자 가운데 몇 집 여주인을 만나 "아줌마 우리 어머니인데 같이 왔어요!" 하고 인사하면 어머니가 고향 제천 인삼을 설명하였다. 그렇게 잠원동 집 곳곳을 방문했는데 모두 거절하여 팔지를 못했다. 신문 구독자에게 어머니를 모시고 가서 소개하는 일이 정말 싫었지만, 결국 한곳도 사주지 않으니 창피한 생각이 많이 들었다. 어머니는 웃으면서 "괜찮다!! 난 광주로 가서 인삼을 팔아 보겠다." 하셨고, 저녁에 만나 보니 모두 팔고 오셔서 다행스럽게 생각했다. 어머니는 그렇게 억척스럽게 일하셨다.

나는 세종대학 부속중학교를 다녔고 성동공업고등학교에 진학했다. 그 꿈 많은 사춘기 시절을 나는 신문과 함께하는 노동으로 보냈다. 아침에는 조선일보, 저녁에는 동아일보 또는 경향신문을 돌렸다. 보통 방과 후 신문배달을 마치고 8시~9시쯤 집에 도착하여 잠시 책을 보다 11시쯤에 잠이 들었다. 고등학교 초기까지 그런 일상이 이어졌다. 잠자리에 누울 무렵 어머니와 눈이라도 마주치면 둘 다 아무 말 없었지만 서로의 눈빛은 똑같았다.

'얼마나 힘들었니. 미안하다. 푹 자거라.'

'오늘도 고생 많으셨어요. 안녕히 주무세요. 어머니.'

　중학교 3학년 때는 진학문제로 고민했다. 당시에 공업고
교 졸업생에게 동일계 대학 진학 특혜를 준다고 해 실업계
진학을 결심했다. 그래도 성적은 크게 나쁘지 않아서 공고
로써는 명문이었던 성동기계공고에 입학했다. 당시는 유신
정권의 중공업진흥정책으로 공업고등학교의 인기가 많았고
취업도 무난했다. 하지만 대다수 학생은 성적상위 30% 이
내, 자격증 취득자에게 주어지는 동일계 대학 진학을 목표
로 공부했다.

5. 방황과
멋진 한판승의 고교 시절

고등학교에 입학하고 나는 신문을 계속 돌릴 참이었다. 그런데 밴드부에 가입하면 등록금을 면제해 준다고 했다. 나는 노래는 좋아하지만 악보를 잘 볼 줄 몰랐다. 그리고 밴드부의 엄격한 규율은 조폭 수준이라는 소문에 겁이 나기도 했다. 그렇지만 등록금을 포기할 순 없었다. 등록금을 위해 신문을 들고 돌아다니는 것보다 학교에서 친구들과 어울리는 편이 나을 듯했다. 나는 밴드부에 들어갔고 악기 중에서 호른, 드럼 등을 맡았다. 밴드부 학생은 하루에 한두 번은 반드시 밴드반에 들러서 연습을 해야만 한다. 그리고 한 사람이라도 연습을 게을리하거나 선배에게 경례를 잘하지 않아 지적을 받으면 단체기합을 받았다.

　한 선배가 후배 한 명에게 "너희들 수업 후 전원 집합해!" 하면 학년 전체가 집에 못가고 대기했다. 전부 모여 있으면 선배가 들어와 "너희들 요즘 싸가지가 바가지야. 악기 연습도 안하고 선배한테 경례도 잘 안 하고. 한 사람씩 엎드려 뻗쳐!"라고 했고 우리는 벽에 손을 댔다. 그러면 야구방망이가 엉덩이를 쳐댔고 주먹으로 가슴을 맞기도 했다. 입학 초기엔 거의 매일 맞았다. 소위 후배들 군기를 잡는 건데, 정말 아팠고 싫었다. 구타와 폭력에 대한 공포감을 군대도 아닌 고등학교에서 일찍이 맛보았다.

　2학년이 되었을 때는 심각한 고민을 해야 했다. 내가 공고

성동기계공고 밴드부, 뒷줄 왼쪽 3번째 호른

에 입학한 것은 동일계 대학 진학 때문인데, 이런 상태로 가면 목표달성이 요원하였다. 밴드부에서 술 담배도 배웠다. 나는 그냥 악기를 부는 핑계로 술, 담배, 폭력을 행사하는 불량학생일뿐이었다. 당연히 공부는 뒷전이었다.

'밴드부를 그만둬야 한다.' 그러나 밴드부를 탈퇴하려면, 돌림빵(?)으로 선배들이 때리고 싶은 만큼 빳다를 맞아야 한다. 두려웠지만 대학 진학의 욕심이 훨씬 컸다. 같은 반 친구 만수를 불러서 선배 악장과 동급생들에게 전부 연락을 해달라고 말했다. 만수는 나를 극구만류했다. 그러나 내 결정을 뒤집을 순 없었다. 드디어 다음날 2~3학년 전원이 밴드부실 안에 집합했다. 악장이 먼저 물었다.

"야! 김한성! 너 밴드부 탈퇴한다는 말이 사실이냐?"

"네, 맞습니다!"

"무엇 때문에 나가려고 하나?"

"사실 저는 동일계 대학을 들어가려고 왔습니다. 이제 2학년이 되니 공부를 해야 할 것 같습니다. 밴드부 생활과 공부는 병행할 수 없습니다. 탈퇴하겠습니다. 저를 놓아 주십시오!"

악장은 인상을 찌푸렸다.

"우리 밴드부 탈퇴할 때 규정은 잘 알고 있겠지?"

그날 나는 벽에 서서 엎드려 기절하기 일보 직전까지 100
여 대의 빳다를 맞았다. 엉덩이에서 피가 흘려내려 팬티가
흥건하게 젖었다. 이미 감각이 없는 지경이었다. "그래, 이
번만 견디면 된다!" 나는 이를 악물고 버텼다.

"그만!"

악장의 중단선언이 있었다. 아, 이처럼 고마운, 이처럼 황
홀한, 아름다운 선언은 역사상 보지 못했다.

그날은 내 인생전환의 중요한 계기가 되었다.

밴드부 탈퇴 이후 나는 편안한 마음으로 오직 대학입학시
험에 전력을 기울였다. 하지만 성적은 쉽게 오르지 않았다.
입학 초기 나는 배관용접과 1학년 첫 중간시험에 60명 중에
54등이었다.

"왜 성적이 오르지 않을까?"

원인분석을 시작했다. 그리고 그 이유를 찾아냈다. 종합
성적에서 전체의 40%를 차지하는 실습성적 때문이었다. 나
는 배관실기 성적향상에 매달렸다. 그 결과 2학년 학기말
시험은 학급에서 4등으로 대폭 상승했다. 대학 진학에 자신
감이 생겼다. 하지만 산 넘고 물 건너야 할 고비가 아직도
많았다.

삼성동 집 느티나무(80년, 현재도 보존됨)

동일계 대학지원 필수 조건은 학급성적이 상위 30%이고, 자격증 취득과 예비고사 성적이 좋아야 했다. 또한 최종적으로 해당 공과대학 정원의 10% 범위 내에서 경쟁한다. 모교인 성동기계공고는 78년 기능올림픽에서 다수 금메달을 획득하는 등 명문 공고로 이름을 날리고 있었다. 나는 모든 것을 잊고 공부에만 매진했다.

그 당시 우리 집은 삼성역 인근이었다. 주변에 밤나무가 많았는데, 나무 사이에 원두막을 손수 만들어 놓고 그 안에서 공부했다. 아주 열심히 최선을 다했다. 그리고 드디어 중앙대학교 기계공학과에 들어갈 수 있었다. 80학번이었다.

6. 80학번
격동의 대학 시절

나는 1980년 3월 2일 중앙대학교 대운동장에서 거행한 입학식에 참석했다. 비로소 늘 꿈속에 그리던 대학생이 된 것이다. 내 능력에 중앙대학교는 과분했지만, 모두 하나님의 큰 뜻과 계획이셨다. 그 당시에는 대학생이 많지 않아서 삼성동 이웃도 몇 사람 축하 차 왔다가 함께 인근 동작동 국립묘지까지 참배했다.

나는 기쁨에만 젖어 있을 수 없었다. '등록금을 어떻게 마련할까?' '부족한 영어, 수학 실력을 어떻게 극복할까?' 마음이 복잡했다. 나는 동일계 혜택을 받고 입학한 10%의 학생

대학 입학식 후 – 국립묘지 방문 기념

중에 한 명이었다. 다른 90% 인문계 고등학교 출신들의 수준은 확실히 높았다. 그들 대다수는 영어원서 해독과 수학실력 등이 탁월했다. 하지만 우리 실업계 졸업자는 거의 과반시간을 전공실습으로 보냈으니 애초에 상대가 되지 않았다.

1980년은 10·26 박대통령 저격 사망 이후 극도로 혼란한 상황이었다. 3월초 입학 이후 4월 중간고사가 끝나자 우리 신입생들도 적극 데모에 참가했다. "전두환 장군과 정치군인은 물러가라!" 등의 구호를 외쳤다. 강의는 정상적으로 이루어지지 않았다. 교수들도 휴강을 밥 먹듯 하였다. 이른바 18년 만에 찾아온 '서울의 봄'은 데모와 무질서로 점철되었다. 결국 5·17조치로 신군부가 전면에 나서고, 대학교에도 무기한 휴교령이 내렸다.

5·17조치 당일에 우리 1학년은 성남 문무대에 입소하여 병영집체 훈련을 받고 있었다. 그 훈련을 거부하니 즉각 공수부대가 투입되어 우리들에게 강제진압과 폭력을 행사하려 했다. 짐승의 눈빛과 같은 공수부대원들은 우리를 무력하게 했다. 우리는 우리의 비겁함에 눈물을 흘리며 타협을 할 수밖에 없었다. 나중에 광주민주화 희생자를 생각하면 우린 모두 죄인일 수밖에 없었다.

휴교령으로 학교를 가지 못하게 되자 나는 중학생 과외 및 수박장사를 하며 보냈다. 군인들의 공포정치와 암울한 시대, 나도 어찌할지 방향을 잡을 수 없었다.

그래도 입학 이후 전국 휴교령이 발표되기 전에 내 삶에 중요한 만남이 있었다. 즉 하나님을 알게 된 것이다. 입학 초기 수강신청 등으로 어수선할 때, 박문수라는 친구가 대학 교회로 나를 이끌었다. 중앙대학은 임영신 박사가 기독교 정신에 따라 설립한 학교다. 교훈이 "의에 죽고 참에 살자!"였다. 4·19혁명 때 10여 명의 희생자도 있었다. 박문수는 안동 출신이었다. 우리는 대학에서 만난 첫 친구 사이였고 그는 나를 교회로 이끌었다. 나는 하나님의 품 안에서 평화와 희망, 사랑… 뭐 그런 단어를 떠올렸던 것 같다. 정기적으로 대학교회와 방배동의 정음교회도 나갔다. 그 후 내 인생은 하나님의 손길을 벗어날 수 없었다. 이 부문은 제3부에서 별도 기술할 것이다.

휴교령 기간에 나는 집중적으로 돈을 벌었다. 과외와 과일장사도 했지만 주로 건설현장에 막일(노가다)을 하였다. 형님이 건축설비 분야의 베테랑 기술자로서 도면해독 및 시공 능력을 갖추고 있었다. 나는 주로 형님의 조공(데모도) 역할을 했다. 삼성동, 대치동, 천호동 현장으로 따라다녔는데, 천호동 현장에서는 김송석 소장이 10일 치 노임을 주지 않고 도망간 일도 있었다. 내가 번 노임은 대부분 어머니께 드렸고 학비에 보탰다. 당시에 돈이 생기는 일이면 닥치는 대로 했다.

몇 개월이 흘러갔고 전두환이 대통령이 되었다. 사회는 안정되어 갔다. 대학 1학년 1학기는 반절 수업으로 끝났지만, 2학기는 정상적으로 학사 일정이 진행됐다. 하지만 광주사태의 소문은 민심을 흉흉하게 하였고, 우리 대학생들의 정신도 혼미하게 만들었다. 그해 농작물도 민심을 따랐는지 계속 흐린 날씨와 저온으로 인한 냉해를 입어 쌀 수확량이 예년보다 50%나 감소했다. 나의 1학기 성적은 좋은 편이 아니었다. 평균 4.5 만점에 2.3점 정도여서 조금 더 낮으면 학사경고였다. 나름대로는 열심히 했으나 워낙 기초가 없어서 심각한 결과가 나온 것이다.

80년 9월 이후에는 교내에 활력이 넘치고, 면학 분위기가 조성이 되어 갔다. 5월 17일 이후 100여 일 만에 돌아와 공부를 하니 모두들 감개무량한 듯했다. 나는 그동안 학비 벌고 부족한 기초과목 공부를 했지만 여전히 미흡했다.

당시 나의 가장 큰 취미는 독서였다. 주로 역사, 철학, 문화, 소설, 정치, 에세이, 자기계발 서적을 많이 읽었다. 책은 타인과 다른 세계에 대해 간접경험을 하게 해준다. 또 자아성찰을 통한 성숙과 시행착오를 줄이는 방법을 알려준다. 책을 읽는 것은 다양하고 풍요로운 삶으로 가는 일이다. 평소 읽고 싶은 책을 찜해뒀다가 알바비가 나오는 날 서점으로 달려가 그 책을 집어 들었을 때의 기쁨은 이루 말할 수 없다. 나는 전공서적보다는 역사책, 자기계발, 성경책 등을 많이 읽었다. 전공공부를 뒷전으로 한 고통은 컸다. 1학년 2학기 때는 결국 학사경고를 받았다.

　　3~4학년 때는 140명 기계공학과의 대표를 맡았다. 1982년 3학년 과대표로서 5월에 남해안으로 수학여행을 주선했다. 당시 우리들의 공통적인 고민은 "언제 군대를 갈 것인가?"였다. 우리는 곧 저당 잡힐 우리의 젊음을 고민하며, 수학여행 중에 남해안 바다 속으로 뛰어 들며 소리 질렀다.

　　"으~아아악!"

대학교 3년 수학여행(남해안 해상국립공원 외)

처음 입학 시에는 대학 4년이 굉장히 길게 보였다. 막상 1~2학년이 흘러가면 남은 3~4학년은 아주 짧게 느껴진다. 나도 철없이 대학 1, 2학년을 보내고 나자 진로문제가 눈앞에 닥쳤다. 3학년을 마치고 일반 사병으로 입대하기보다는 대학졸업 후 학사장교로 입대하는 것이 좋을 듯 싶었다. 그래서 4학년 졸업 전에 학사장교 시험을 봤다. 선발기준은 대학성적, 체력측정, 면접 등이었는데 나는 대학성적 불량으로 탈락했다. 다른 성적이 아무리 좋아도 전체 평점이 낮으니 방도가 없었다. 또 한 번 실망과 좌절감이 가슴 깊숙이 몰려왔던 시절이었다.

중앙대학교 졸업 사진 1984년

드디어 1984년 2월, 대학교를 졸업했다. 고향 제천에서 한종 형님을 비롯한 친척, 전성일 원장님과 직원, 우리 가족이 전원 참석해 축하해주었다. 군대 문제 때문에 취직을 미룬 나는 1984년 9월 초 동문 박상훈, 손영훈의 권유로 중앙대 국제경영대학원 경영정보학과에 입학했다. 일단은 시간을 벌기 위해 선택한 도피성 진학이었다. 그 특수대학원은 직장인을 위한 야간과정이었다. 오후 7시 수업 시작해서 밤 10시 반경 마쳤다. 당시 놀란 것은 직장인들이 자기계발을 위해 많은 투자와 노력을 한다는 점이었다. 보통은 석사학위가 필요해서 왔지만 배움의 열정도 대단했다. 그들과 같이 수업을 듣는 것만으로도 자극이 되었다.

나는 학사 장교 시험에 한 번 더 도전하기로 했다. 먼저 체력장 대비 운동을 하였다. 집이 삼성역 근처였기에 현재 코엑스, 종합전시장 주변을 매일 몇 바퀴씩 돌고 윗몸일으키기와 팔굽혀펴기 연습을 이어갔다. 나는 어떤 결정을 하기 전에는 신중하지만, 일단 결심을 하면 우직하게 밀고 나가는 성격이다. 낮에는 건설현장에서 일하여 돈을 벌고, 야간에는 공부를 하고, 아침에는 일찍 일어나 체력단련을 했다. 그렇게 해서 1984년 10월 다시 성남문무대에서 학사장교 시험을 보았다. 체력장과 면접이었다. 이번에도 탈락하면 일반 사병으로 군대를 가던지, 대학원을 마치고 석사장교를 지원해야 했다. 그런데 하필이면 그해에 학사장교 경쟁률이 10:1이나 되었다. 하나님께 기도가 절로 나왔다.

당시에 대학원의 어떤 모임에서 우연히 육군본부에 근무하는 최진ㅇ 대령을 만났다. 그때가 1984년 12월경으로 최 대령님과 대화를 나누다 그분이 "학사장교 합격여부를 내가 알아볼게요." 하셨다. 얼마 후 다시 만나 물어보니 "뭐, 술 한 잔 살 준비나 해야 할 것 같은데요." 하셨다. 나는 결국 합격 축하주를 샀다. 그리고 최 대령님에게 물었다. "정말 내가 합격한 겁니까? 아니면 대령님께서 슬쩍…."

최 대령님은 끝까지 말씀을 하지 않고 빙긋 웃기만 하셨다.

드디어 85년 3월 12일 경북 영천시내에 있는 육군 제3사관학교에 입교하였다. 학사장교 7기였다. 동기생은 1,000여 명이며 행정고시, 외무고시 합격자 70여 명도 같이 훈련을 받았다. 나는 5중대였고 교번이 588번이었다. 그 번호 '588'로 인해 나는 훈련기간 내내 많은 동기들에게 인기가 있었다.

"야, 우리 나가면 오팔팔 한 번 꼭 가자." "오팔팔 계를 하면 어떨까?"

청량리 588번지는 대한민국에서 가장 유명한 기지촌이었다.

학사장교는 총 12주 최단기 훈련 이수 후에 장교임관을 했는데, ROTC 학군장교가 2년간 받아야 할 훈련을 12주 만에 몰아서 하니 훈련강도가 보통이 아니었다. 야간 교육훈련은 일상이었고 태권도 1단까지 취득해야 했다. 운동신경이 좀 둔한 동기들은 야간에 별도로 운동장에 모여 태권도 연습을 했다.

나는 장교 후보생 과정을 좋은 성적으로 이수하고 싶었다. 하지만 중간에 질병으로 10일 정도 입원하는 악재가 일어났다. 때문에 성적이 좋을 리 없었다. 그래도 태권도 1단의 훈련은 무사히 통과했다. 학사장교는 정식사관학교 과정이 아니기에 다소 자유분방했다. 그러나 탈락하지 않고 무사하게 소위로 임관하는 것이 모두의 꿈이었다. 훈련생은 누구나 고단하고 힘들다. 특히 배고픔이 컸다. 따라서 기회가 될 때마다 빵을 사 먹어 '빵 소위'라는 별명도 얻었다. 그런 고통스런 과정을 거처 1985년 6월 8일, 나는 영천 3사관학교에서 육군 소위로 정식 임관했다. 축하해주러 어머니가 오셨는데 나는 와락 눈물이 치솟았다.

"나는 네가 자랑스럽다."

어머니는 나를 꼬옥 안고 한참을 움직이지 않으셨다. 이윽고 몸을 떼어내고 보니 어머니의 눈가에도 눈물이 그렁했다. 이후 나는 군대에서 남진의 〈어머니〉란 노래를 수시로 불러댔다.

우리 7기 동기생들은 광주보병학교에서 OBC 군사기초반

과정을 거쳐 자대 배치를 받았다. 나는 1군단 예하 701 특공 연대의 소대장으로 부임했다. 그리고 그 누구보다 열심히 복무했다. 전성일원장님 부대방문, 육군사격대회 출전선수교관, 특공무술시범, 슈퍼맨교육 등이 특히 기억에 남는다. 88년 6월 30일에 나는 제대했다. 당시 대기업은 88년 5~6월 장교 전역자를 대상으로 공개채용을 했다. 나는 군 제대를 앞두고 남양주시 내각리 소재 탄약대대에 근무하며 비교적 자유롭게 취업 공부를 할 수 있었다. 그 덕에 나는 삼성, 현대, 금호 등에 합격했다. 그리고 나는 쌍용을 최종 선택했다.

군대 701 특공소대장

군대 눈 치우기, 당직사관

8. 첫 직장
쌍용자동차와의 인연

나는 쌍용자동차 평택공장으로 발령받았다. 수도권이어서 더욱 맘에 들었다.

학군·학사장교 200여 명이 쌍용그룹에 입사하여 연수를 받았고 각 계열사로 배정되었다. 지금은 쌍용그룹이 공중 분해 되었지만 당시만 해도 국내 10대 그룹에 속해 있었다. 동아, 거화자동차를 인수하여 쌍용자동차로 사명을 바꾸고 4륜 구동 다목적차·상용차 분야의 독보적 회사였다. 쌍용자동차를 그룹의 주력업체로 키우려는 김석원 회장의 의지가 아주 강해서 우리 신입사원들은 큰 기대를 걸었다.

88년 7월 1일 나는 평택으로 첫 출근을 하였다. 당시 평택

쌍용그룹 신입사원연수

공장은 평택시내에서 칠괴동 공장까지 2차선으로 되어 있는 논둑길 끝에 있었다. 좌우측에는 배나무 과수원이 있었고 길가에는 이름 모를 들꽃들이 한들거렸다. 아름다웠다.

나는 동기생 김재현, 이태범과 함께 부품개발부로 배치 받았다. 자동차 관련부품을 개발하고 협력업체 선정 및 부품 조달 업무를 담당했다. 그러나 나는 곧 이 일이 지루해졌다. 단순한 일의 반복이었다. 내가 품은 큰 뜻은 펼쳐볼 기회도 없었다. 업무가 없어도 매일 8시까지 자리를 지켜야 하며, 토요일도 3시까지 근무했다. 그래서 '내가 이런 일하러 회사에 들어 왔나?' 하는 회의감이 들었다. 하지만 나름대로 열심히 했다.

쌍용자동차는 해방 이후 하동환자동차, 거화, 쌍용그룹 인수과정을 거치는 동안 주먹구구식으로 회사가 운영되었다. 예전에 있던 분들이 계속 자리를 지키고 있어 변화와 혁신에 걸림돌이 되었다. 그리고 노사분규가 극심했다. 김상쾌 노조위원장 주도 하에 연일 집회시위가 열렸다. 사무직, 현장직 사원은 자기 임금 올려주려고 하는데 반대할 이유가 없었다. 그래서 사무직 사원들도 대다수가 업무를 중단하고 시위현장으로 달려갔다. 그동안 군사독재에 억눌려 있던 산업현장에서 임금인상, 근로조건개선 등의 욕구가 88올림픽을 앞두고 한꺼번에 분출되었다. 나는 시위현장에 나가지 않았다. 사무실을 묵묵히 지켰다. 자기 소신 없이 분위기에 휩쓸려 어울려 다니는 것이 싫었다.

그렇게 신입의 시간이 흘렀고 88년 가을에 나는 아내를 만났다. 평택 운동장에서 가을 운동회가 열렸다. 그때 박희열을 만났다. 701특공연대 근무 시 나의 소대원이었다. 순천 출신으로 싹싹하고 두뇌회전이 빨라서 내가 무척 아꼈었다. 오랜만에 만나니 반갑기 그지없었다. 박희열은 부평에 있는 자기 집으로 놀러오라고 나를 초대했다. 자기는 벌써 결혼해 아들까지 낳았단다.

그 박희열 부인의 소개로 만난 사람이 내 아내이다. '매사유인정 후래호상견 每事有人情 後來好相見' 모든 일에 정을 주면 나중에 좋은 만남을 한다고 했다. 군대에서 좋은 사이였던 전우가 사랑스런 아내를 만나게 해준 것이다. 평택공장의 삭막한 환경에서 아내를 만나는 기쁨은 내게 많은 위안을 주었다. 아내는 영등포역에서 기차를 타고 평택에 자주 내려왔다. 나중에는 우리 개발부와 구매부 직원들 모두 아내를 알고 우리의 만남을 지지했다. 아내는 후덕하면서도 얼굴이 예쁘고 마음씨도 넉넉했다. 그리고 주택은행 여의도지점에 근무하는 직장여성이었다.

우리는 싸우고 지지고 볶고 그리고 사랑했다. 그러다가 1989년 12월 3일 잠실 롯데월드 예식장에서 드디어 결혼했다. 내 인생 최고의 봉을 잡은 날이었다.

1989년은 무척 바빴다. 당시는 부품구매부로 옮겨서 자동차 부품조달 관계로 협력업체를 많이 방문했다. 특히 부평에 내 이름과 같은 한성실업이 있었는데 그 업체는 김우중 회장이 대우실업을 창업하기 전, 근무하던 회사였다. 한성실업 창업주가 김우중 학생에게 장학금을 주었고, 졸업 후 한성실업에서 근무하다 독립한 것이다. 나도 언젠가는 김우중과 같은 사업가를 꿈꾸었고, 나와 이름이 같아서 애착

이 갔다. 하지만 사장 김익중 씨는 무사안일, 권위주의자였다. 그래서 한성실업도 경영진에 대한 파업과 불신이 거셌다. 나로서는 최고경영자의 자세와 도덕성이 얼마나 중요한지 체득하는 좋은 기회였다.

이후에 회사 경영혁신을 담당하는 합리화추진실, 상용차판매부를 거쳐 1992년 영업교육팀에서 전국 자동차영업소 교육담당을 하였다. 영업교육은 한달에 평균 15일은 외박하며 교육하므로 모두 꺼리는 부서였다. 하지만 나는 물 만난 고기처럼 즐겁게 내 열정과 모든 역량을 쏟아부었다. 몸은 힘들어도 마음 편하게 하고픈 일을 하니 실적도 좋아서 영업본부장, 사장 표창도 받았다. 그때 영업교육 분야에 많은 강사들을 알게 되었다. 백기완, 김종수, 이찬구, 정현우 교수 등 최정상의 강사와 지도층을 알고 인맥을 쌓는 좋은 계기였다.

하지만 쌍용자동차는 내부적으로 썩어갔다. 경영실적이 나빠도 문책이 없었고, 그룹회장 김석원 국회의원은 지역구 관리에 직원을 동원시켰다. 손명원, 김석준 등 무능한 비전문가를 대표로 임명하여 쌍용자동차 부도를 앞당겼다. 나는 영업교육팀장으로 있던 1997년 6월 중순, 회사 종말을 예견하고 명예퇴직을 했다. 내가 나온 후 5개월 만에 회사는 대우자동차에 넘어갔고, 중국 상하이차 – 인도 마힌드라차 인수를 거쳐 자살자가 25명이나 되는 생지옥의 회사가 되었다. 만일 노조가 반대하던 삼성그룹이 1996년 쌍용차를 인수했었다면 결과는 달라졌을지 모른다. 그러나 그때 노조는 극렬한 반대 투쟁을 했고 쌍용은 악화일로의 길을 갔다.

쌍용자동차 교육팀 야유회(가족동반, 가평)

9. 파란만장한 사업의 길

1) 전국 유람 후에 부동산 사업을 하다

퇴직을 한 후의 어느 날 나는 짐을 꾸렸다. 평소 마음에 그리던 고향 산천을 두 발로 걸어 보기로 했다. 충주시내에서 출발해 충주호 주변 36번 국도를 따라 이동하여 월악산, 문수봉 정상을 등산할 계획을 짰다. 97년 6월 20일 충주에 사는 사촌형 집 앞에 차를 두고 배낭을 메고 걷기 시작했다. 모든 것을 잠시 접어두고 혼자서 걷는 것은 참으로 편하고 좋았다. 얼마 만에 즐기는 혼자만의 시간이던가?

한 여름 태양은 뜨거웠고 아스팔트 열기는 숨을 거칠게 몰아갔다. 그렇게 7시간을 걸어 첫날밤은 월악산나루에 텐트를

쳤다. 한밤에 충주호 별빛들이 눈을 사로잡았다, 지난 일들이 꿈처럼 아련했다. 무엇을 위해 그처럼 바쁘게 살았을까? 이제 새로운 출발점에서 무엇을 해야 할까? 내가 가진 자금력, 경험, 능력, 인맥 등 모든 것이 형편없었고 초라했다.

그때는 하나님을 의지하는 마음도 없었다. 모든 일을 혼자 힘으로 풀어가려니 망망대해에 홀로 떠 있는 조각배였다. 풀벌레와 강 물결 소리가 들려왔다. 울었던가? 외로움과 미래에 대한 막연한 두려움 속에 하룻밤을 지냈다.

다음 날은 아침 일찍 일어나 월악산 정상을 향했다. 그곳에서 태어나 자랐어도 첫 등산길이다. '악' 자 들어가는 설악산, 치악산 등은 산세가 험하다. 월악산도 처음부터 가파른 능선의 연속이었다. 녹음 우거진 숲 속에는 새소리 물소리만 들렸다. 등산객의 안전을 위해 만들어 놓은 철 계단을 딛고 드디어 암석으로 된 가파른 월악산 정상에 올랐다, 충주호가 한 눈에 들어왔다. 수려하고 가슴이 뻥 뚫리는 전경이었다. 정상에서는 다른 등산객들을 만날 수 있으리라 생각했는데 아무도 없었다. 해발 1,094m 정상에 나는 홀로 서서 충주호를 내려다봤다.

하산은 신라 진평왕 때 창건한 천년고찰 신륵사 방향으로 정했다. 30여 년 전 아버지가 지병으로 요양할 때 계시던 곳이 신륵사였다. 거친 코스를 내려와 절에 도착하니 본당 옆에는 놀랍게도 옛날 아버지가 묵었던 오래된 구옥 방이 그대로 있었다. 아버지…. 아버지의 영혼과 마주한 듯 했다. 세상에는 우리가 흔히 볼 수 있는 아름다운 광경들이 있다. 지하철에서 노인들에게 자리를 양보하거나 길거리의 응급 환자를 지나치지 않는 사람, 개구리 소리 울리는 정자에 앉아 수다를 떠는 사람들, 그리고 늙은 아버지를 부축하며 걸어가는 중년의 아들. 나는 아버지를 부축하듯 방 앞에 가지를 크게 벌리고 있는 느티나무에 손을 얹고 한 참을 있었다.

그날은 인근 선고리의 한 묘지 옆에 텐트를 쳤다. 제천시 덕산면 선고리는 어머니가 처음 시집을 왔던 마을이기에 감회가 새로웠다. 이곳에서 어머니는 물을 길고 밥을 하며 새댁으로 설레는 삶을 시작하셨으리라!

다음날은 문수봉으로 향했다. 도기리 마을 입구를 지나 깊은 계곡에서 흐르는 시원한 개울물에 목을 축였다. 그 무더운 날의 개울 물맛은 지금도 또렷하다. 등산로 주변에는 이름 모를 야생화가 만발하였고 산딸기가 한창 익어서 먹음직했다. 드디어 문수봉 정상에 올라서니 고향산천이 한 눈에 들어왔다. 내 눈에 들어온 모든 풍경들이 온 몸으로 퍼지며 나의 피를 맑게 해주는 듯했다. 시도 때도 없이 불쑥불쑥 튀어나오던 잡념들도 사라지는 듯했다.

나는 부동산관련 사업에 뛰어들기로 결심을 굳히고 여행

을 마쳤다.

공인중개사 공부를 시작했다. 그런데 쉬운 일이 아니었다. 공인중개사 7회 시험에서 떨어진 것이다. 다시 한 번 도전하려다 경매사자격증을 취득하여 동료들과 교대 역에서 경매중개 합동사무소를 열었다. 하지만 단순히 경매 중개소개료로는 운영이 되지 않았다. 내가 직접 경매낙찰을 받았다. 그렇게 경기도 이천, 여주, 양평, 광주 등에서 직접 낙찰을 받아서 등기까지 해 본 것이 20여 건이나 되었다. 나는 무슨 일이던 가급적 몸으로 부딪치며 배우려 한다. 1998년은 IMF 환난 때라 감정가 대비 30~40%까지 떨어진 경매물건이 많았다. 나는 감정가의 40% 수준에 낙찰 받아 70~80%에 매각했다. 낙찰가 500만~1천만 원에 한달 1~2건을 낙찰 받아 매각하면, 300만~500만 원의 수익이 발생했다. 지금은 실명제로 모든 경매가 진행되기 때문에 이런 큰 수익을 보기는 어렵다.

그 후에 파주 민통선 토지매매, 제천 땅 토지중개를 공동으로 했다. 수입은 괜찮았으나 여러 사람이 나누니 실제 나의 몫은 보잘 것 없었다. 그래서 2001년 7월에 빌딩매매업소 포-시즌중개(주)에 들어갔다. 일확천금. 말 그대로 '한방'을 꿈꾼 것이다. 빌딩 부동산중개료는 수천만 원에서 수

억 원까지 받을 수 있었다. 내가 성사시킨 가장 큰 중개는 숙대역 1번 출구 정보통신공사협회 건물부지이다. 2003년 7월 당시 갈월동에 있던 해당 토지는 5명이 소유권을 가지고 있었다. 나는 이 문제를 4개월 만에 해결해 매도·매수자에게 중개수수료를 총 1억 5천만 원이나 받았다. 이에 흥이나 나는 꽤 열심히 뛰어다녔다. 당시는 법정수수료 이상을 받아도 무방했다. 하지만 공동중개인과 분배하고 회사에 30% 입금하면 그다지 큰돈을 버는 것도 아니었다.

사실 80~90% 중개업소는 사무실 유지도 어려운 형편이다. 아무리 노력해도 계약이 성사되지 않으면 그동안 흘린 땀과 시간이 전부 날아간다. 그래서 계약서 작성을 위해 본의 아닌 거짓말도 하게 된다. 부동산중개 법인도 역시 계약이 성사되면 수천만 원의 중개료를 받아도 언제 계약이 될지 모르니 평소엔 빈털터리다. 나는 그런 생활에 염증을 느껴 충북, 강원 시골 땅 매매, 영등포 아파트부지 작업 또는 전원주택개발 등 늘 새로운 사업종목에 도전했다. 하지만 조건은 비슷해서 늘 돈에 쪼들리는 신세였다.

2) 부동산업을 떠나 베트남 공장건축 사업하다

처음 부동산업을 할 때는 업계최고가 되겠다는 포부를 가졌다. 하지만 그 꿈은 곧 무너졌다. 대다수 부동산 업자는 앉아서 일을 기다린다. 아니면 부동산중계 관련 데이터베이스를 구축해 놓고 손님의 전화를 고대한다. 관련정보의 정확성도 떨어지고 벼룩시장 무료광고도 성행한다. 나는 그 점을 극복하고자 각종 방법으로 빌딩 소유자를 만났지만 거래조건이 쉽지 않았다. 건물매매 때는 매매가격, 상권, 수익률, 건물상태, 입주업종, 국내경기, 미래전망, 정부정책 등 제반요소 중에 어느 한 개만 어긋나도 계약이 될 수 없다. 성사 가능성이 1~3% 수준이다. 그러니 건물매매 분야도 상위 10%만 살아남는 업종이다.

새로운 업종전환을 노리던 중 2007년 10월 교대역 인근에 대학동문 손 사장의 건물부지를 사주고 2008년 7월 빌딩 완공 후에 팔아 주면서 2억여 원의 수수료를 받았다. 공동중개로 두 개 업소가 나누어도 큰 자금이 되어 새로운 사업을 구상하였다. 당시 나는 경제적으로 꽤 힘든 상태였다. 건물계약은 성사가 안 되었고 나갈 돈은 계속 쌓여갔다. 카드빚도 늘어났다. 그때 형제처럼 지내던 맹 사장에게서 제안이 왔다. 베트남에서 사업을 하자는 것이다. 아내도 찬성하여 공

베트남 호치민시 공장건축부지 정문(2008년 4월)

장부지 계약금을 지원해 주었다. 그리고 아내와 맹 사장 부부와 함께 베트남 현지답사까지 다녀왔다.

베트남 사업은 2008년 여름부터 본격적으로 준비했다. 우선 맹 사장이 베트남에 들어가서 사무실을 얻고, 비품을 준비하고, 직원을 선발했다. 사업자금은 3억 원으로 잡고 각 50%씩 나눠서 내기로 하였다. 하지만 나중에 맹 사장이 앓는 소리를 했다. 돈이 부족하다는 것이다. 그래서 실제로는 내가 70% 가까이 부담했다.

결론부터 말하자면 베트남 사업은 실패했다. 맹 사장과의 사이도 금전적인 문제로 벌어지고 말았다. 해외사업은 현지를 잘 알고, 철저한 분석을 해도 쉽지 않다. 그런데 우리는 의욕만 앞섰었다. 우리 사업의 내용은 현지 공장 부지를 40년간 임차해 공장을 건축하고, 한국인 업체에 매각하려 했던 것이다.

처음에는 충분히 승산이 있었다. 주변 한국 사업가 중에는 성공한 사람도 많고, 베트남 경제성장률 10%, 땅값은 한국의 10% 수준, 근로자 임금은 15% 수준이었다. 우리가 있던 호치민시 안푸 지역은 대원 칸타빌 1차 390가구 및 2차분 250가구 100% 분양 성공으로 한국 아파트건설 업체의 위상을 크게 높인 지역이다. 그 대원 칸타빌은 우리 사무소 겸 숙소에서 도보로 15분 거리에 있었다. 당시만 해도 만나는 사람들 모두 성공신화만 애기하니, 우리는 사업을 시작하기도 전에 벌써 성공한 것처럼 마음이 들떠 있었다. 그야말로 교만이 하늘을 찔렀고 신기루가 눈앞에 잡힐 듯했다.

우리 회사명은 코민KOMIN이었다. 코리아 + 호치민의 합성어로 내가 직접 지었다. 나는 한국의 모든 사업을 정리하고, 호치민에는 2008년 8월에 들어갔다. 맹 사장이 종업원 6명을 뽑아 놓았다. 부장 1명, 과장 1명, 통역사무원 1명,

사무직 1명, 보조원 겸 운전기사 1명, 식당 아줌마 1명이었
다. 매달 임대료와 관리비, 월급이 500여만 원 들어갔다.
처음에는 공장건축 계약을 2건 성사시키고 분위기도 좋았
으나 몇 개월 지나 10월이 되니 미국발 환율위기가 닥쳤다.
1달러 대비 베트남 동 환율이 1대 15,000동에서 24,000동
까지 뛰었다. 달러 대 원화가치도 1,600원이 되었다. 즉 예
전에 10억 원을 들여 투자하려던 사람이 16억 원을 들여야
동일한 돈 가치가 되는 것이다. 베트남 사업도 결국은 한국
인을 대상으로 한다. 각종 사유로 베트남에 거주하는 한국
인은 10만여 명이 되었다. 그 사람들을 대상으로 주로 사
업을 한다. 그러니 달러 환율은 직접적 영향을 미친다. 계
약 이후 중도금은 보류되고 있는 돈은 공사 기성금으로 계
속 투입되었다. 매달 꼬박 월급과 임대료 기타 비용을 지급
해야 하니 5개월 지난 후에는 보유자금이 바닥났다. 그래도
나는 회사 문을 닫을 수 없었다. 하는 수 없이 한국에 돈을
구하러 들어왔다.

 막상 한국에 돌아오니 이곳 여건도 베트남과 비슷했다. 정
말 누구에게 단돈 10만 원을 빌릴 수 없었다. 적은 돈은 의
미가 없고 큰돈은 본인도 살아야 되기에 줄 수가 없었다. 아
내에게는 도저히 더 돈을 달라고 할 수 없었다. 결국은 두

딸에게 부탁해 통장에 있는 돈 170만 원을 모아서 베트남에 송금했다. 나중에는 맹 사장도 한국에 와서 직원들이 월급을 못 받으니 인상이 험악해지고 일에 손도 안 된다고 했다. 나의 고민은 깊어졌다. 드디어 최후의 방법으로 중학교 은사님 이종락 선생님께 마지막 간청을 했다. 그분은 방이동 시장에 5층 빌딩을 소유하고 계셨다.

큰딸 진주와 집에 있는 도자기를 선물로 준비해서 방문했다. 체면이고 뭐고 없었다. 회사만 살릴 수 있다면…. 3천만 원을 선생님께 부탁했는데 사모님의 반대로 받을 수 없었다. 결국 베트남 회사는 난리가 났다. 종업원이 월급을 못 받으니 컴퓨터, 카메라 등 돈 되는 것은 모두 들고 가버렸다. 맹 사장이 내 아내를 찾아가 간청해 겨우 비행기 값을 받아서 나와 둘이 베트남으로 갔다. 그러나 수습도 못하고 속절 없이 여관에서 15일간 있다가 완전히 빈손으로 돌아왔다. 맹 사장은 노임체불로 출국금지를 당해 볼모로 잡혀 있다 4개월 후 돌아왔다. 지금도 그때를 돌아보면 어리석고 무모했던 내 자신이 한탄스럽다. 하지만 그 사건은 오히려 시련을 딛고 인력사업을 하는 전화위복의 계기가 되었다!

10. 삶의 소중한 기록들

1) 옳은 가치추구의 삶은 불편한 것인가?

개인의 삶은 중요하다. 아무렇게나 사는 사람은 없고 나름대로 다들 가치 있는 삶을 추구한다. '삶의 가치'. 어느 인터뷰 기사가 떠올랐다. 두 가지 인간 유형이 있단다. 가치지향형과 출세지향형. 충분히 공감할 수 있는 말이다.

한국은 후진국에서 중진국으로 넘어가며 성장제일과 성공지상주의가 깊이 뿌리내렸다. 이는 자기중심, 결과주의와 직결된다. 즉 "나 하나만 살고 나만 잘 되면 된다."는 생각이 뿌리 깊게 자리 잡았다. 요즘 온 국민을 슬프게 한 세월호 침몰사건도 동일하다. 배 전체가 침몰하는데 인명 구조

책임이 있는 선원들은 도망가기 엄청 바쁘셨다.

그런데 나는 과연 올바르게 살았을까? 내가 만약 선원의 위치에 있었다면 어땠을까? 물론 훌륭한 판단을 할 분도 있지만 자신할 수는 없으리라. 사회 전체의 구조적 모순이기 때문이다. 우리는 수많은 안전교육을 받아도 '설마 내가 다치겠어?' 하고 무심코 넘긴다. 교육과 현실이 따로 논다. 과정상 무수한 문제가 있어도 결과만 좋으면 되었다. 나도 이런 문제를 진작 간파하고 대충 적당주의를 타파하려고 많은 노력을 하였다. 우리 사무소에는 "옳은 가치추구!"라는 현수막이 눈에 띄게 걸려있다. 가치관이 옳으면 결과도 좋게 나올 가능성이 훨씬 높다.

과정과 원칙을 중시해야 한다. 나는 그동안 옳은 가치를 함양코자 노력했다. 이는 매주 2회 사무소 안전교육(1일 10분 이라는 짧은 시간이지만 그 내용은 내 목숨을 구할 수도 있는 것이다) 고객 만족도 평가 실시, 성금함 운용, 장갑 등 비품무료 지급, 반값수수료 철폐, 고용서비스우수기관 도전, 체불노임현장 집회, 파출부문 무료소개업소 철회 투쟁, 건설일용근로자협동조합 결성, 대불 규제개혁 추진 등의 결과로 나타났다. 하나님의 은혜로 모든 일이 긍정적 효과를 거뒀다. 출세지향형 인간은 사회를 삭막하게 하지만 옳은 가치를 추구하면 모두 환영하고 혜택을 받는다! 진리다.

2) 대화와 공감 부족으로 많은 것을 잃는다

사람의 주인은 마음이다. 그 마음끼리 만나는 일이 교류다. 서로 마음이 통하면 살맛 나고, 불통이면 답답하다. 그래서 온갖 갈등의 원인은 마음이 서로 통하지 않는 데 있다. 나의 관점과 상대방의 입장을 진솔하게 터놓고 얘기만 해도 오해가 풀릴 일이 많다. 나도 일용근로자와 가끔씩 안 좋은 문제가 생긴다. 그럴 때 고객이 원하는 바와 근로자 상태를 고려해 작업내용을 차분히 알려주면 일이 훨씬 더 원만하게 진행된다. 마음의 교류를 시도하는 것이다. 가끔 근로자들은 인력소장들의 권위적인 면에 대해 불만이 많지만 어쩔 수 없이 권위를 내세워야 할 때도 있다.

인력소장의 입장에서는 고객(구인자)의 요구를 반영하고, 근로자도 충분히 일할 능력이 된다고 판단하기에 "내 말대로 하세요."라는 명령형 어법을 가끔 사용한다. 거부감이 드는 말투다. 물론 친절하게 하루 작업내용을 설명하고 동의를 구하는 것이 옳은 일이다. 그러나 아침에 시간은 부족하고 근로자가 다른 작업을 원하면 갈등이 발생한다. 그래도 나는 가급적 근로자 입장에 서려고 노력한다. 그럴 때는 도를 닦고 수양하는 자세로 근로자를 대해야 한다. 나의 잘못으로 근로자가 불쾌한 마음으로 현장에 가면, 그 마음은 고객에게 그대로 전달될 테고 일의 능률도 오르지 않을뿐더러 무엇보다 언제 안전사고가 생길지 모른다.

데일 카네기는 『인간관계론』에서 포드자동차 창업자인 핸리 포드는 "성공을 위한 비결이 하나 있다면 그것은 상대방의 입장을 이해하고, 내 관점뿐 아니라 상대방 관점에서 사물을 보는 능력이다."라고 말했다. 그대로만 실천한다면 갈등은 일어나지 않는다. 상대방 입장에서 대화하면 공감대가 바로 형성된다. 그 공감대위에서 나의 입장을 내놓는 것이 진정한 대화의 능력이다.

3) 나는 왜 지금도 일기를 쓰는가?

50살이 넘으면서 기억력도 예전 같지 않다. 당일 근로자 개인별 작업현장이 기억 안 나는 경우가 많다. 그래서 메모가 필요하다. 나는 요즘 메모장을 두 개나 들고 다닌다. 한 개는 작업내용에 대한 기록을 하고, 다른 한 개에는 책 저작

아이디어가 떠오르면 즉시 메모한다. 신문기자가 늘 메모지를 휴대하는 이유를 알 것 같다.

나는 중학교 2학년 때부터 40여 년간 일기를 써왔다. 혼자 있는 외로운 시간에 일기를 쓰면서 위안을 받았다. 일기는 오늘 한 일들을 기록하고 반성하며, 내일 계획을 미리 세우는 일이다.

일기에는 중학생 과정, 고등학교 진학 갈등, 대학교 입학식 풍경, 친구와 가족관계, 삶에 대한 진솔한 기록들이 담겨 있다. 그런데 한동안 일기 쓰는 일을 그만둔 적이 있다. 쌍용그룹 퇴직 후 게으름을 피운 것이다. 그러다 4년 전부터 다시 일기를 쓰기 시작했다. 일기의 도움을 받은 일이 많이 있다. 중학교 2학년 신문배달 당시 월급 착오를 바로 잡았고, 2013년 3월에는 경찰 증인에 대한 검증 등을 일기장을 통해 해결하기도 했다. 일기의 가장 좋은 점은 내밀한 공간에서 자신과 대화하고 반성을 할 수 있다는 것이다. 그를 통한 자기치유와 일관성 있는 삶의 목표를 유지할 수 있다.

1978년 4월 31일(일) 흐림

오늘은 매우 기쁜 날이다. 그동안 열심히 먹인 보람이 있어서인지 토끼가 새끼를 5마리나 낳았다. 생각지도 않은 새끼를 낳으니 무척 기쁘다.

점심 때 토끼장에 짚더미를 넣어 주었는데 앞 털을 뽑고 새끼를 낳았다.
제발 건강하게 잘 자라길.

이 일기는 내가 삼성동 코엑스 인근에 살며, 부업으로 토끼 4마리를 키워 첫 새끼 낳았던 날의 일기이다. 당시 주변 테헤란로는 건물도 몇 채 없었다. 오랜만에 고등학교 때를 생각하며 감회에 젖는다. 이처럼 기록은 추억이며, 지나간 내 삶의 한성왕조 실록이다.

4) 카드와 빚의 고통에서 벗어나려면?

아마도 카드와 빚으로 인해 나처럼 고통스런 경험을 한 분들이 많으리라! 신용카드는 처음엔 공짜 같은 느낌이지만 매달 결재할 때는 큰 부담이 된다. 고정적 월급을 받아도 매월 카드대금 100만 원 이상 결재하려면 힘이 든다. 만약 실직을 하든가, 결재금액이 150만~200만 원 수준이 되면 비상이 걸린다. 이른바 카드 돌려막기에 돌입하게 된다. A카드 현금서비스를 받아서 B카드에 넣고, 다시 C카드를 출금하느라 정신이 없다. 자유직 또는 능력급제 월급을 받으면 수입이 불규칙하여, 매달 결재액은 급속히 증가한다. 300만 원→ 500만 원→ 700만 원→ 드디어 1,000만 원을 넘어서게 된다

신용카드 빚은 정말 무섭다. 매달 피할 길도 없다. 카드가 3~5개 되면 하루 여유시간의 대부분을 결제금 충당 고민으로 허비하게 된다. 나는 2008년 베트남 사업을 전후하여, 최고 1,200만 원까지 카드 돌려막기를 해봤다. 이쯤 되면 큰돈이 없다면 파산예고 수순이다. 밤잠이 안 오고 카드 결재를 못 했을 때 다가올 후폭풍에 정신이 혼란스럽다. 카드납부 독촉 우편 및 전화, 가재도구 빨간딱지, 아내와 가정 불화 등을 생각하면 생지옥이 따로 없다.

이미 언 발에 오줌 누는 격이다. 수백만 원을 입금시켜도 몇 달 후엔 똑같은 상황의 반복이다. 또한 혹시라도 남에게 돈을 빌리면, 이 또한 빚 돌려 막느라 시간과 인생을 허비한다. 견디다 못하면 개인회생·파산신청하게 된다. 내 얘기에 공감하시는 분이 많으리라! 나는 가까스로 아내의 도움으로 카드빚을 100% 갚았다. 아내의 은혜가 없었다면 신용불량자가 되었을 터이고 현재의 사업도 불가능했으리라! 카드와 빚의 고통에서 해방되는 비결은 첫째 돈의 무서움을 알고, 둘째 남의 돈을 쓰지 않으며 셋째 돈을 안 쓰는 방법뿐이다!

5) 즐거운 동반자 = 나의 독서일기

대학교 입학 이후에 나는 독서에 탐닉했다. 공업고교 시절

집 서재

에는 기껏 삼국지, 수호지를 읽는 정도였다. 대학교에 들어가 보니 나의 지식과 능력이 너무도 보잘 것 없었다. 그래서 역사, 종교, 철학, 정치, 경제, 처세론, 자기계발, 소설, 성경 등을 폭 넓게 읽게 되었다. 지금도 기억에 남는 책은 미국 지그 지글러가 쓴 『정상에서 만납시다』라는 자기계발 서적이다. 어떻게 자기인생의 목표를 달성할 수 있는지 단계별로 해석한 책이다. 그리고 데일 카네기의 인생론·처세론·대화론·인간관계론 핵심 전집을 읽었다. 이어 오그 만디노, 폴 메이어 저작, 간디와 플랭크린 자서전 등을 읽었다. 세계문학을 접한 것도 이때였다.

도스토예프스키의『죄와 벌』『까라마죠프가의 형제들』펄벅의『대지』플로베르의『보바리 부인』스탕달의『적과 흑』등이 기억난다. 몇 권의 철학서를 읽고는 샤르트르, 키에르케고르의 실존주의에 심취했다. 특히 '누구나 신 앞에는 단독자'라는 표현에 크게 공감했다. 파스칼 팡세는 늘상 침대머리에 놓아두었는데 '힘 없는 정의는 무력하고, 정의 없는 힘은 압제다' 등 짧은 경구가 늘 가슴에 남았다. 동양의 고전으로는『논어』『중용』『대학』『손자병법』『한비자』『정관정요』등을 정독했다.

내가 가장 좋아하는 책은 역사책이다. 사마천의『사기』『초한지』『조선왕조실록』등을 읽으며, 나는 시공을 넘나드는 토론자가 되기도 했다.

닥치는 대로 책을 읽고 서재에 3천여 권을 정리해 놓았었다. 그러나 여러 번 이사를 다니며 대부분을 기증하거나 고물상에 주었다. 나는 지금도 매월 3~5권은 책을 구입하고 늘 책을 손에 들고 다니지 않으면 불안하다. 나는 책을 읽는 것이 휴식이고 위안이다. 요즘은 정도전 관련 책을 읽는데 근래 무책임한 세월호 침몰사건의 혁신적 대안을 제시해주는 듯하다. 물론 내게 최고의 책은 성경이다. 독서를 즐기면 외부의 힘을 자기능력으로 가질 수 있는 힘이 생긴다.

6) 시위집회를 통해 체불노임과 빌려준 돈 받는 비결

1급 뉴스: 집회는 체불노임 해결과 채권회수에 매우 유용한 수단이 된다. 집회는 헌법 21조에 보장된 표현자유이다. 언론이 모든 약자들을 보호해줄 수는 없다. 그래서 집회, 결사의 자유는 사회적 약자와 소수자가 자기 의사를 공개적으로 관철하는 창구이자 수단이 될 수 있다. 집회는 경찰서에서 간단한 양식의거 신고만 해주면 되는데 일반인은 집회신고를 굉장히 어렵게 생각한다. 나도 그동안 10여 회 집회를 통해 못 받은 공사현장 노임을 회수하고 빌려준 돈을 받았다. 이미 채무자는 본인 재산을 타인명의로 빼돌려서 대부분 채권회수가 불가능한 상황이다.

통상 사람들은 집회라고 하면 대로변에 수백 명을 동원하는 대규모 집회를 생각한다. 그러나 1인 시위도 있고 2인 시위도 있다. 1인 시위가 아닌 2명 이상은 무조건 집회신고를 해야 한다. 그러므로 3~10명 정도의 소규모 집회도 신고만 하면 가능한 일이다. 나는 과천정부청사에 반값 수수료철폐 투쟁을 할 때 처음으로 집회신고를 해 보았다. 그리고 인천교육청 1억여 원 공사비 미지급을 집회를 통해 4일 만에 해결했다. 사우나업종 보증금반환 청구집회를 통해 2천만 원, 5천만 원 2건을 10일 내 모두 해결했다. 이러한 집회시위는 법의 미비점을 이용하여 근로자들을 이용해 먹으려는 악덕업자들을 상대로 한다. 자기 돈을 친척, 타인명의로 돌려놔서 정상적 채권회수가 불가능하게 하는 폐기물 같은 인간들….

그러나 집회의 효과는 대단히 크다. 기회가 좋으면 단기간에 합의종료할 수도 있다. 정상적인 회사나 개인은 대외적으로 부정적 이미지를 끼치기에 가능한 신속히 해결하려 한다. 그러나 집회를 할 때는 명예훼손, 손해배상, 영업방해 등 형사고발도 고려해야 하며, 몸을 던져 집회를 해야 효과를 거둘 수 있다. 지금도 인력사무소에는 일당과 관련된 대불 문제로 계속 노임체불이 발생한다. 물론 원청사, 협력사와 대부분 대화로 해결하지만 불안하다면 선 집회신고 후에 협상카드로 활용하면 훨씬 유용하다. 이처럼 돈을 받기 위한 집회는 신속하고 과감한 행동이 최우선이다.

7) 어머니에 대한 그리움과 추억

누구나 어머니에 대한 그리움과 추억은 각별할 것이다. 우리 어머니는 94년 11월 돌아가셨으니 올해가 만 20년이다. 앞에서 잠시 어머니를 언급했지만, 미처 못다 한 이야기를 하고 싶다. 어머니는 자식 교육 문제로 제천의 고향을 떠나 서울로 올라오셨다. 그것은 당시로서는 큰 결심이었다. 어머니는 새로운 일에 도전과 모험을 두려워하지 않으셨다.

어머니는 1926년 범띠 생이시다. 어머니는 단양군 두항리에서 3남 2녀의 막내로 태어나 18세에 덕산면 선고리로 시집을 가셨다. 이후 시댁과 남편의 학대를 못 견뎌서 아기를 업고 도망쳐 나오셨다. 1940년대 남녀와 사회적 차별이 극심하던 그 시절에 대단한 결단이 아닐 수 없다. 지금이야 남녀가 안 맞으면 금방 헤어지지만 당시는 집을 나가면 당장 먹고 잠잘 곳이 없었다.

어머니는 서울 친척집에 찾아가 잠시 머무르다 고향에서 비단 장사를 시작하셨다. 어린아이를 등에 업고 비단과 비단을 넘기고 받은 곡식을 머리에 이고 힘들게 시골 길을 걸었을 어머니를 생각하면 지금도 가슴이 아리다. 환경에 굴하지 않고 스스로 운명을 개척한 강인한 어머니의 모습보다 결혼에 실패하고 오직 생존을 위해 아이를 등에 업고 이 마을 저 마을 돌아다니는 어머니의 한恨이 먼저 내 가슴을 뒤흔든다. 아이를 등에 업은 장돌뱅이 신세였던 어머니는 지인의 소개로 나의 아버지를 만나셨다. 그리고 2남 1녀를 낳으셨다.

어머니 당신께서 고난의 삶을 사셨기에 늘 약자에게는 관대하셨다. 고향에선 가난해서 중학교 못가는 학생에게 장학금을 주기도 하고, 떠돌이 광산업자의 안타까운 사정을 듣고 신원보증을 서주기도 하셨다. 어머니는 학교에 다니신 적이 없지만 독학으로 한글을 읽었으며, 주판도 배우셨다. 성품도 원만하고 활달하셔서 늘 친척과 이웃 아픔을 보듬으셨다. 어머니에 앞서 사회의 존경하는 한 분으로 이름 없이 돌아가셨지만, 나는 어머니의 자산을 고스란히 안고 살아간다. 나이가 들수록 어머니가 그립고, 마음에는 고마움이 가득하다!

8) 삶의 희열 : 도전을 통한 자기 한계의 극복

평생 똑같은 일을 반복한다면 얼마나 지루할까? 성취의 제1요소는 선택과 집중이다. 한 사람의 평가는 '주어진 여건과 환경을 극복하기 위해 얼마나 노력했고 성취했느냐'에 의하여 결정된다. 나는 이를 성공의 3단계라 칭한다. 한 차원 높은 목표설정, 열정과 집념, 인내와 지속력이다. 실패하는 사람의 특징은 삶의 구체적 목표가 없다. 그래서 열정과 인내심도 없다. 평범하고 소심한 목표를 세우면 스스로 자극과 동기부여가 안 된다. 한 차원 높은 목표를 세우면 삶의 활력을 찾을 수 있고 매력이 넘치는 사람이 될 수 있다.

나는 지난 과거 삶을 돌아볼 때 보다 높은 목표에 늘 도전
하였다. 수많은 난관이 나를 가로막았지만 나는 멈추거나
돌아서지 않았다. 과감하게 앞으로 나아갔다. 그 결과는 성
공적이었다.

대학원 석사과정을 밟기 위해 평택공장에서 서울 흑석동
중앙대학까지 통학하였다. 우여곡절 끝에 학위논문을 제출
했으나 통과되지 못했다. 7년 내 졸업해야 한다는 학칙에
위배되어 졸업논문 심사도 받을 수 없었다. 그래서 나는 불
가능에 도전해 볼 결심을 하고, 1992년 교육부에 수차례 방
문하여 학칙을 개정해야 한다고 주장하였고 총장님 면담 등

중앙대 대학원 졸업사진. 교정에서 아내와

끈질긴 투쟁 끝에 겨우 논문심사를 받고 93년 2월 석사학위
를 받았다.

그 외에 회사 승진누락 후 특별진급 경험, 학사장교 재도
전, 부동산사업 시 현실극복체험, 인력사업 시작동기, 반값
수수료 철폐 투쟁과정, 파출생존비대위 투쟁과정 등은 나의
한계를 시험하는 일이었다. 이를 통해 나는 앞으로 건설일
용근로자, 파출부문, 고용우수인증업소에 협동조합을 도입
하고자 한다. 아울러 대학과정 직업상담학과 설립을 주도하
여 겸임교수가 되고자 하는 꿈도 있다. 그러기 위해서 우선
은 내 분야에서 뚜렷한 발자취를 남겨야 한다. 지금 나에게
다가오는 일들은 평범치 않다. 하나님이 늘 함께하여 방향을
이끌고 계심을 안다. 삶의 언제나 도전을 통해 진일보 한다!

9) 우리 가족 소개 : 아내와 진주, 보배와 보석이

우리 가족을 소개하고자 한다. 나는 군대 후배의 소개로 아
내를 만나 1989년 12월 결혼했다. 금년이 25주년, 은혼식이
다가온다. 그 뜻 깊은 기념식을 어떻게 보낼까 고민하고 있
다. 돌아보면 고생시킨 것뿐이고 남편답게 제대로 해준 것이
없다. 마음은 큰데 현실은 따라주지 못하니 미안함뿐이다.

아내는 모든 면에서 내겐 과분한 파트너다. 깊은 가족애, 강인한 생활력, 철저한 자기관리, 전라도 음식솜씨, 넉넉한 마음씨의 아내에게 나는 야생마였고 그녀는 나의 천사다.

진주는 엄마를 닮았다. 그래서 심성이 착하고 여리다. 진주가 태어난 1990년 12월 1일 첫눈이 많이 내렸다. 탄생설誕生雪이 다 내리다니…. 첫 아이가 태어났을 때의 감격과 기쁨을 무엇에 비할 수 있으랴! 진주를 키우면서 우리는 부부는 늘 고맙고 미안했다. 맞벌이를 했기에 많은 시간을 함께 하지 못했다. 진주는 글재주가 있었다. 초등학교 6학년 때는 글쓰기로 보훈처장관 표창을 받아왔다. 그런 재능을 키워주지 못하여 가슴이 아프다. 지금은 내 옆에서 인력업무를 돕는다. 요즘은 다이어트로 날씬한 몸매 가꾸기에도 열심이다. 다 컸지만 아직도 눈에 넣어도 아프지 않을 나의 딸이다.

보배는 총기가 넘치고 마음을 헤아리는 능력이 탁월하다. 그래서 엄마는 늘 보배에게 가정의 가교역할을 맡긴다. 올해 가천대 조경과에 입학하였고 내년에 1년간 해외봉사 갈 준비하고 있다. 자신감 있고 당당하게 살아갈 보배의 앞날이 기대된다.

　　보석이는 독일산 슈나우저 검둥이 총각이다. 나이 6살, 집에서는 귀여움을 독차지 하지만 가끔 가족들 속도 퍽 썩인다. 5년 전과 올해 2번이나 무단가출하여 전봇대에 "보석이를 찾습니다!" 하는 광고로 겨우 찾을 수 있었다. 눈치 하나는 빨라서 울적한 기분일 때 아양을 떨며 가족의 활력소가 되는 믿음직하고 잘생긴 개, 보석이다.

고향 인근 옥순봉. 큰 딸 진주 3세 때

10) 나로 인해 상처 받은 분들에게 바치는 **참회록**

　　이제 2부를 마무리하고자 한다. 내가 이 글을 쓰면서 제일 경계했던 점은 나의 일방적 주장과 내 자랑으로 내용이 채워지는 것이었다. 나이 50대 중반이 되다 보니 과거에 대한 회한이 점점 커진다. 2부에서는 진솔한 얘기를 통해서 동일한 실수를 반복하지 않고 새로운 도전의 계기를 찾고자 했다.

　　"한성이는 다 좋은데 성격이 너무 칼날 같아."

고등학교 친구의 말이다.

"이 친구 굉장히 까다로워요."

군대 동료의 말이었다.

사람은 자기의 단점은 잘 못 보고, 자기로 인해 발생하는 남들의 고통에 둔감하다. 예를 들어 코고는 사람은 타인의 잠 못 드는 고통을 전혀 모른다. '칼과 같고 까다롭다'는 말을 '공과 사가 분명하고 일처리가 정확하다'고 착각하며 살아왔다. 그러나 주변 사람들은 "당신의 잘난 그 장점 때문에 상대를 공격하거나 가르치려는 자세가 문제"라고 비판하기도 한다. 동일한 사안도 상대에게 부드럽게 얘기하고 마음 상하지 않게 처신할 수 있어야 한다. 이제는 내게도 포용과 여유의 마음이 깃들기를 간절히 바란다. 그것 또한 노력해야 얻어질 수 있는 일이리라.

한때는 아주 좋았던 관계가 내 잘못으로 멀어진 경우도 많다. 우선 말실수로 홍식, 형수와 서먹해졌고 돈 문제로 친구 명섭, 문수, 태균과 멀어졌다. 인력사업을 하면서 나의 지나친 입놀림으로 상처 받고 사무실에 발길을 끊은 분들도 많다.

'나는 옳고 너는 틀렸다'는 오만에 빠지면 내 자신을 전혀 성찰할 수 없다. 이 자리를 통해 나로 인해 상처 받은 모든

분들에게 깊이 사죄드린다. 지금의 참회는 진실되지만 곧바
로 크게 변할 것이라는 약속은 못 드린다. 나의 모진 심성은
죽고 예수님이 내 대신 살아서 일하셔야 그 변화의 결과를
볼 수 있을 것이다.

PART 3
방황을 물리친
놀라운
신앙의 발견

1. 나는 왜
신앙의 글을 쓰게 되었나?

나는 3부를 쓰면서 많이 망설였다. '신앙은 개인·주관적인 선택인데 비전문가인 내가 이 글을 쓸 자격이 있는 것인가?' 하는 문제로 수개월을 고민했다. 결론은 용기를 내어 써보기로 했다. 평가는 독자에게 맡기고 담담하게 나의 신앙고백을 해보고자 한다.

나는 왜 신앙의 글을 쓰고 싶을까? 신앙은 결국 삶을 어떻게 살아야 하는 답을 제시한다. 문제가 있으면 반드시 해답이 있다. 신앙은 유명하거나 학식을 많이 가진 사람과 연관성은 적고 오히려 자기를 비움에서 출발한다. 나는 나의 경험을 드러내 이 책을 읽는 분들도 어떻게 살아야 하는가에 대한 고민을 한번쯤은 해보기를 바랄 뿐이다.

건설일용근로자는 저소득층, 사회적 약자이다. 하루하루 삶의 무게를 감당하기에 버거운 분들이다. 상당수가 과거 다른 일을 실패하여 호구지책으로 현장에 나간다. 그러므로 일에 대한 애정이 부족하고 삶이 피곤하며 마음이 괴로운 분들이다. 그런 분들에게 신앙을 통한 삶의 기쁨과 긍정 그리고 희망을 제시하고자 한다. 현실이 고통스러울수록 현실을 극복하고 싶은 욕망은 크다. 그러나 어떤 종교를 믿고 선택하기도 쉽지 않다. 가짜가 오히려 진짜처럼 보인다. 나는 이 책을 통해서 나름대로 확고한 신앙의 근거를 제시하고 내가 발견한 예수님을 소개하려고 한다.

교회 겨울 캠프 참석

2. 종교와 신앙은 같은 것인가?

　　모든 종교는 인간 중심이며 권선징악과 행위에 따른 인과 응보를 강조한다. 하지만 기독교 신앙은 하나님 중심이며 회개와 믿음을 통한 구원을 내세운다. 즉 종교는 내가 잘하면 복 받고 못하면 벌 받는다는 행위에 따른 선을 강조하는데 기독교는 죄에 빠진 인간이 자기의 노력이 아니라 하나님의 은혜로 구원받는 길을 제시한다. 그래서 출발 선상이 다르다. 일반 종교는 자신의 선행에 따라 복을 받고 신앙은 자기가 아닌 하나님으로 말미암아 축복을 받는 것이다. 또한 종교는 결과가 잘못되면 다음에는 더욱 잘하려고 각오하고 노력해야 한다고 말함으로써 늘 마음의 평화와 쉼이 없다. 그러나 신앙은 결과와 무관하게 절대자의 뜻이 중심이 된다. 즉 어떤 결과에 대해서 절대자 그분이 생사화복을 주관하기에 향후 일도 맡기고 마음의 쉼을 얻는다. 종교는 인간자신이 믿음의 대상이 될 수 있으나 신앙은 모든 사람은 똑같이 죄인 상태이므로 하나님만이 유일한 믿음의 대상이다. 신앙을 제대로 발견하고 믿으면 마음의 평화와 쉼이 찾아온다. 그리하여 하나님의 자녀로 놀라운 축복과 사명을 받아 현재와 미래의 삶을 보장받는다. 단 성경을 통해 그분의 마음과 뜻을 제대로 알아야 한다!

3. 신앙인에게 필요한 구원의 중요성

죄란 하나님과 다른 생각을 하고 다른 계획을 하는 것이다. 죄는 아담으로 인하여 세상에 들어 왔다. 아담은 "선악과를 먹지 말라."는 하나님의 말씀보다 뱀으로 가장한 사단의 말을 따랐다. 즉 하나님보다 사단의 말을 더 믿은 것이 죄이다. 이후 우리는 본능적으로 하나님 말씀을 거부하고 매사를 선악의 기준으로 보며 죄악된 생각이 늘 올라온다.

　따라서 구원은 사단의 영역에서 하나님께로 다시 돌아가 신분상 하나님 자녀가 되는 것이다. 아담 이후 인간은 죄로 인해 온갖 불의, 추악, 탐욕, 악의, 시기, 살인, 분쟁, 비방, 교만이 생겨남은 물론 하나님을 미워하게 되었다(롬1:29~). 즉 죄로 인하여 범죄를 저질렀다. 죄는 원인이요, 범죄는 죄의 증상을 말한다. 사람들이 범죄를 저지르면 "하나님 다시는 미워하지 않겠습니다." 하고 맹세할 것이 아니라 근본 죄인에서 자기를 돌이켜 회개하고 의인으로 거듭나야 한다. 예를 들어 감기에 걸리게 되면 "기침하지 말아야지. 열을 내려야지." 결심하지 말고 감기의 근원되는 바이러스를 제거해야 된다.

　이처럼 사람들은 죄의 원인을 잘 모르니 우리가 어떻게 구원 받는지를 잘 모르며, 지킬 수 없는 헛맹세를 남발하고 있다. 죄에서 벗어나 구원을 얻기 위해선 완전한 죄인이 돼야 한다. 대다수 사람들은 불완전해도 "나에게도 약간의 선은 있다."고 착각한다. 성경은 "선을 행하는 자는 없나니 하나도 없도다(롬3:12)."라고 하였다. 만일 내가 선을 행할 수 있다면 하나님이 필요 없다. 전적인 자기부인이 구원의 첫 걸음이다. 물에 빠진 자는 100% 외부 힘이 꼭 필요하다. 이처럼 하나님의 은혜를 받으려면 완전한 죄인, 즉 완전 문둥이가 돼야 한다.

　문둥병은 죄를 상징하는 것으로 구약에서는 "제사장이 보기에 문둥병이 환자의 머리부터 발까지 퍼졌으면, 그 환자를 정(淨, 깨끗함)하다 할지니(레13:12~)."라고 하였다. 이처럼 자기 의와 선이 전혀 없는 100% 죄인이 될 때, 전적인 하나님의 은혜로 구원을 받는다. 인간은 본능적으로 많은 악행 중에 일부분 잘한 것 같은, 자기의 선함과 자랑거리를 내세운다. 즉 자기의 잘한 것만으로 하나님께 가려고 한다. 그러나 하나님은 인간의 소산을 받지 않는다(창4:5). 이처럼 죄에 타락한 인간이 하나님 말씀과 분리되어 사단과 하나인 자기 생각으로 하려는 모든 것이 죄이다.

　그러므로 구원은 죄와 사망의 사단 영역에서 생명의 땅 하나님 영역으로 다시 돌아오는 것이다. 그래서 내 행위와 전혀 무관하게 노아의 방주 안에 머물러 있으면 산다. 방주 밖에 있다면 하나님의 심판으로 모두 죽었다. 우리가 구원받는 것도 나의 행위와 무관하게 그리스도 안에 있을 때 결코 정죄함이 없다(롬8:1). 그리스도 안이면 구원이요, 밖이면 멸망과 심판이다. 구원 받으면 이미 영혼이 하나님의 영역으로 옮겨졌기에 하나님 자녀가 되어, 자기 행위와 무관하게 축복하시고 성령으로 인도하신다. 예수님을 통한 영원한 속죄와 구원을 믿으면 감사할 일뿐이다!

4. 나는 어떤 신앙의 길을 걸었는가?

　우리 집안은 조상 대대로 기독교와 무관하였다. 주변에 교회 다니는 분도 없었다. 내가 처음으로 하나님을 믿었고 어머니와 형님을 전도하였다. 집안 종교는 무속신앙, 불교, 다신교의 조합이라고 생각된다. 나는 어릴 때 어머니가 뒤뜰 항아리에 볍씨를 넣어두고 복을 달라고 두 손 모아 절하는 모습을 보았다. 집안에 우환이 있으면 가끔씩 무당을 불러 푸닥거리도 하였다. 무언가 의지하고 싶은 인간의 본성 때문이라 본다. 또한 어머니는 사월 초파일에 인근 절에 가서 등불을 달고 가족의 건강과 복을 빌었다.

당시에 충청도 고향 인근에 교회가 있다는 것도 몰랐다. 초등학교 6학년 때 서울 청담동으로 이사 온 뒤 집 뒤에 '영동교회'가 있다는 것을 알았다. 성탄절에 떡 먹으러 가는 친구도 있었지만 나는 교회 문턱도 넘질 못했다. 즉 나와 교회는 인연이 없었다. 하지만 하나님은 기독교 미션스쿨로 나를 보내셨다. 세종 중학교 설립자 주영하 박사는 기독교 정신에 입각해 학교를 운영하였다. 그래서 1주일에 한 번씩은 꼭 대강당에서 전교생이 예배를 보았다. 그때 부른 찬송가 〈시온의 영광이 빛나는 아침 매였던 종들이 돌아오네〉는 지금도 귀에 쟁쟁하다. 성경에 대해 시험을 본 적도 없었기에 교회에 대해 좋은 감정을 갖는 계기가 되었다고 생각한다. 중학교 신문배달할 때 한 총무님이 일요일 동아일보 지국에 나가면 꼭 교회예배를 본 후에 출근하던 기억이 난다. 그분은 늘 밝게 웃고 모든 사람에게 친절한 분이셨다.

고등학교 진학한 후에는 교회와 접촉할 기회가 없었다. 다만 생물시간을 통하여 진화론을 배웠기에 인간의 조상은 원숭이며 그 이전엔 물속의 아메바라고 믿었다. 그러나 '닭이 먼저냐, 달걀이 먼저냐' 하는 의문은 여전히 풀리지 않았다. 그래서 골치아픈 문제는 아예 생각하지 말자고 다짐했다. 신앙의 계기가 된 중앙대학교 입학은 하나님을 알게 된 계기였다. 기계공학과 동급생 박문수는 경상도 예천 지 보면 출신이다. 그는 나를 1980년 3월 대학교회 기독학생 반SCM으로 나를 인도했다. 그래서 소아마비로 몸이 불편했 던 3학년 오원상 선배에게 복음을 전해 듣고 예수님을 영 접하였다.

지금도 기억난다. 작은 안내책자 '4영리'를 소개하며, 죄 에 빠진 인간이 예수님으로 인해 구원을 받는다는 내용이 었다. 오선배는 과정을 간단히 설명한 후에 "예수님이 십자 가에 피 흘려서, 내 죄를 다 용서했다고 믿습니까?"라고 물 었다. 나는 긍정적으로 대답 안하면 계속 얘기할 것 같아서 "네!" 하였더니 오원상 선배는 "됐습니다. 김한성 씨는 구원 받았습니다." 하였다. 그래서 나는 좀 황당했지만 "알겠습 니다!"라고 힘없이 대답하였다. 그 당시 구원을 받았다고 믿 었지만 또 "죄를 지으면 회개하면 된다."는 말에 "평생 회개 를 무진장 많이 해야겠구나." 하는 생각이 들었다.

이후 나는 5·17조치로 전국 휴교령이 내릴 때까지 대학 교회에 자주 나갔다. 일반교회는 문수의 소개로 방배동 방 배경찰서 뒤편의 '정음교회'에 나갔다. 그 교회는 최영의 목 사님이 시무하는데, 중앙대 10년 선배로 장로교 신학교를 나왔다. 온 집안사람 포함해 30여 명이 교회에 나갔는데,

사모님이 참 잘 대해주
셨다. 대학 1~2학년 때
매주 일요일 삼성동에
서 방배동까지 예수님
을 영접하러 다녔다. 어
머니, 형님을 모시고 그
먼 거리를 오고 갔다.

세진교회 여름 수양회. 82년 7월

정음교회에 다닐 때는
10명 정도의 청년회장
을 하며, 교회행사에 적극 참여했다. 하지만 마음의 근본적
변화는 이루지 못했다, 교회 다니며 술은 여전히 먹었고 담
배는 가끔씩 피웠다. 세상에 똑같이 휩쓸려 살면서 "이렇게
죄지으면 하나님께 벌 받을 텐데." 하는 두려움은 있었다.
그 후 1981년 11월 2학년 말경 삼성동 집 근처의 세진교회
로 옮겼다. 정려성 목사님이라고 1사단 전진교회에서 소령
으로 예편해 창립했었다. 그곳에서 나는 초등학생 5~6학년
주일학교 선생을 하며, 청년회장 활동도 했다. 당시 열심히
하면 "하나님이 복 주신다."라고 믿었다.

그 세진교회는 군 입대 이후에도 계속 출석하여, 나중 결

삼성동 세진교회 84년 여름성경학교 6학년 담당

혼식 주례도 정 목사님이 하셨다. 세진교회는 81년 창립되어 1사단장 김을권 장군 등이 방문하는 등 등록교인 50여 명쯤 되었다. 하지만 교회재정을 맡은 집사가 교회부지 매입자금을 개인적으로 유용해 결국 많은 분이 떠났다. 대학 3~4학년 때 교회행사에 열심히 참여했지만, 마음은 늘 곤고困苦하고 믿음도 없이 무엇인가 잘해야 되는 줄 알았다. 나중에 믿음을 갖게 되니, 그 당시는 자기 열심이었지 믿음과 무관하였다. 마음은 여전히 죄책감에 시달려도 해결방법을 몰랐고, 남들도 비슷하다고 보고 겉모양만 꾸미는 위선자가 되어갔다.

나는 대학을 마치고 1985년 3월 12일 육군학사장교로 영
천 3사관학교에 군 입대를 하였다. 소위 임관까지의 훈련과
정은 무척이나 힘들고 괴로웠다. 불과 12주 만에 장교임관
시킨다고 밤낮으로 훈련을 시키니 모든 것이 귀찮기만 했
다. 그래도 주일에는 교회에 꼭 나갔고 그곳에서 만난 동기
생들과 가깝게 지냈다. 모두 비슷한 여건이었기에 교회에
대한 특별한 소속감은 없었다. 잠시 거치는 훈련소 교회라
는 생각 때문이었다. 나는 이때 성경보다는 파스칼의 『팡세』
에 심취해, 작은 단행본을 늘 품속에 넣고 다니며 훈련 틈틈
이 읽었다. 당시 가장 가슴에 와 닿는 구절은 "나는 신음^{빠마슥}

하면서 구하는 자만을 시인할 수 있다.” 였다.

　파스칼은 위대한 과학자, 철학자, 신학자였다. 비록 39세의 짧은 나이에 병사 했지만 『팡세』에서 신의 존재를 증명하기 위한 치열한 사유를 전개했다. 결국은 미완의 작품이었지만 하나님과 세상에 대한 문장 한 구절 한 구절이 위대한 울림이었다. 그러나 지금 돌아보면 파스칼도 하나님의 은혜로 구원받은 사람은 아니었다. 구원 받은 사람은 내가 할 일이 끝나고 오직 하나님이 나를 통해 할 일만이 남아 있다. 그 시대에 파스칼은 그런 복음을 못 들었던 불행한 분이었다.

　영천 3사관학교에서는 특별히 신앙 관련 기억이 없고, 육군소위 임관 후에 광주 보병학교에 있을 때 정 목사님이 보내신 분이 찾아왔었다. 인근 광주 포병학교 대대장인 모 중령님이 직접 면담 신청하여 안부를 물어 주셨다. 자대는 1군단 예하 701특공연대로 배치되었다. 흑표범 교회로 가끔씩 주일예배에 참석했던 기억이 새롭다. 우리 특공소대에 김영일 신병이 신학교 재학 중에 입대하여, 신앙관련 얘기를 종종 나누었다. 군생활 중에 그때 가장 하나님께 매달렸다. 이유는 1986년 8월경 내가 부대 육군사격교관으로 선정되어 대회 출전하여 좋은 성적을 올리기 위해서였다. 사격장 근처에 막사에서 숙식을 해결하며 사격성적 향상에 전심전력을 다했다. 또한 아침마다 05시경 기상해 인근 조용한 숲속에 들어가 하나님께 간절히 기도했다. "하나님! 금번 전군사격대회에서 꼭 좋은 성적을 거두게 도와주세요." 1개월 동안 전심전력 다해 기도했으나 결과는 개인 동메달 1개에 그치고 말았다. 이 사건은 내 신앙생활에 중대한 기점이 된다. 왜냐하면 '이렇게 열심히 기도 했는데 왜 기도응답이 없지? 내 기도가 틀렸거나 아니면 하나님이 문제가 있거나 둘 중에 하나이다.' 하면서 이후 기도에 별로 기대를 걸지 않았다. '괜히 시간만 낭비했다'는 생각도 들었다. 이후 제대할 때까지 교회는 아예 안 다녔다.

1988년 7월 제대 후에 쌍용자동차에 평택공장에 바로 입사해서도 교회는 전혀 다니지 않았다. 나름대로 잘 풀려나가니 굳이 하나님이 없어도 큰 문제없었다. 하지만 마음에 허전함과 앞날에 대한 불안 등으로 다시 하나님을 찾게 되었다. 특히 신입사원으로서 적응을 잘 못하여 많은 갈등을 격고 있었다. 그래서 다시 삼성동 세진교회도 나가며 성경도 읽으며 신앙의 삶을 살려고 하였다. 그러나 내가 뭔가 열심히 해보려고 하면 할수록 힘들고 신앙적 율법과 계명을 지키는 것은 어렵기만 했다.

그래서 뭔가 잘해 보려는 생각을 아예 하지 않고 남들처럼 "물결 흘러가는 대로, 바람 부는 대로." 그냥 되는 대로 살기로 했다. 지금 돌아보면 자기를 포기한 점이 오히려 신앙에 도움이 되었다고 믿는다. 그 당시 주요기도 제목 중에 '나에게 합당한 배우자를 만나게 해 주십시오!'가 있었다. 가능한 신앙이 있으면 좋지만, 그렇지 않더라도 신앙을 이해하는 여자를 만나고 싶었다. 89년 10월경 아내를 군 후배의 소개로 만났지만, 약 1년간의 갈등과 꿈같은 사연으로 점철된 아내와의 열애 끝에, 드디어 1989년 12월 3일 세진교회 정려성 목사님의 주례로 결혼식을 올렸다. 잠실롯데월드예식장에서 성대하게 마쳤지만 교회는 더 나가지 않았다.

결혼 이후 신앙생활은 더 이상 진척이 없었다. 아내도 믿음에 관심이 없었고 나도 신앙이 악세사리처럼 느껴져 굳이 절대적인 필요성을 느끼지 못했다. 송파 지역에서 계속 살며 새하늘교회, 부활생명교회, 빛고을교회, 새벽교회, 시온성교회 등을 수차례 옮겨 보았지만, 마음의 공허함을 달랠 수가 없었다. 오히려 교회 갔다가 돌아올 땐 마음이 더욱 더 곤고하며 설교 말씀도 머릿속에 전혀 남아 있지 않았다. 그냥 습관적으로 교회를 다니고 내 마음에 안 들면 다른 교회로 옮겼다. 그런 가운데 송파동 당시 빛고을교회 박 목사님의 어이없는 행동을 보았다.

2007년 어느날 박 목사님 따님이 방이동 소재 수동교회에서 결혼식을 성대하게 올렸다. 그 주일예배 시간에 박 목사님은 "모 집사님이 결혼부조금을 많이 넣어서 내가 직접 전화해 어떻게 그리 많이 부조를 했습니까?" 하고 물어 보았다고 하였다. 나는 속으로 "아! 저분은 부조금 많이 내는 분에게 큰 관심 있구나! 평소에도 1천만 원 십일조 내는 성도 10명만 나오게 해 달라고 기도한다더니 저 목사님은 평소에 성도들 영혼엔 관심 없고 돈만 밝히는 사기꾼. 가짜 목사구나!" 하는 생각이 들었다. 그래서 인근 시온성교회로 다시 옮겼다. 그런데 그 교회는 더 해괴한 행동을 하였다. 주일예배 목사님 말씀 전에 헌금 내용부터 발표하였다.

즉 사람들에게 보여주는 쇼를 해서 헌금 강요 행사를 하였다. 그래서 그곳까지 따라온 내 가족들에게 "이 교회는 더하네! 나는 교회 안 나갈 테니 각자 알아서 결정해요." 하고 교회출입을 끊었다. 목사님이라는 분들이 더 세속적이고 돈만 밝힌다고 생각하니 계속 교회를 나갈 이유가 없었다. 그래서 나는 한국에서 교회와 인연을 끊고 지냈다. 이후 2007년 5월부터 베트남 사업에 착수, 2008년 6월 15일 입국해

공장건축관련 사업을 하였다. 현지사업 중에 곤고한 마음을
달래고 호치민 교민과 친분을 위해 6월 22일 한인교회에 나
갔다. 그러나 한인교회도 한국과 유사해서 실망스럽게 느껴
졌다.

6. 베트남 사업실패와 방황 가운데 구원을 받다

처음에는 베트남 사업도 탄력을 받았다. 직원도 10명 가까이 되고 서광이 보이는 듯했다. 호치민시 중심가 옆 안푸지역은 서울로 하면 강남, 송파구 정도에 있었다. 사회주의 국가 베트남의 모든 건축물은 도로면 접도면적을 4m로 동일하게 허가한다. 입구 폭은 좁지만 길이는 제한이 없기에 실제 건축물 내부는 비좁은 줄 모른다. 그곳에서 호치민 중심지역의 한인교회를 다녔다. 베트남은 교회도 정부에서 엄격히 통제하기 때문에 베트남 주민을 포함해 한 건물에 몇 개 단체가 시차를 두고 공동 사용하였다.

나는 호치민시에서 아침마다 5시에 꼭 일어나 5층 옥상에 올라 혼자서 매일 성경을 읽고 기도하였다. 보유자금은 점점 줄어들고 사업전망은 불투명하여 위기가 눈앞에 다가오니 정말 간절한 기도가 저절로 되었다. 지금 돌아보니 이런 신앙 특징은 현실의 어려움을 없애 달라는 간절함은 있어도 실제 그분을 의지하는 믿음 은 적었다. 당시 구약 창세기부터 에레미야서까지 읽으며 깊이 묵상하였는데 아무리 좋은 말씀도 그 자리를 벗어나면 잊고 말았다. 즉 말씀이 내 속에 살아서 일하지 못했다. 그러니 말씀과 삶이 따로따로 노는 것이었다. 그 점이 늘 괴로웠다.

당시에 신앙일기를 작성했는데 내용을 살펴본다. 2008년 8월 25일(월) 기록이다.

"지난번 일기 작성 이후 많은 고민을 하였다. 요즘 하루하루 어렵게 버티고 있지만 늘 살얼음판을 걷는 기분이다. 여기까지 온 것도 하나님의 은혜이다. 그럼 신앙적 갈등을 겪는 주요인은 무엇인가? 깊이 궁구해 보니 결국은 내가 중심에 있어서 그렇다. 많이 노력하여 달라졌다고 하지만, 여전히 주님을 전적으로 의지하지 않기에 큰 틀에서 진척이 없는 것이다. 이제부터라도 좀 더 주님을 신뢰하고 의지해야 한다. 베트남에서 내가 꿈꾸고 있는 원대한 비전들은 결국 주님이 도와주셔야 가능하다!"

2개월 지난 2008년 10월 19일(일) 일기이다.

"최근에는 회사 코민KOMIN 경영자금도 바닥나고, 지난 10월 15일(수) 건물임대료 3천 달러도 10월 말일로 연기하는 등 굉장히 어렵다. 현재 상태로는 몇 개월도 못 버틸 여건이지만, 베트남에서 사업의 길을 열어 달라고 오직 하나님만 믿고 간절히 기도하고 있다. 하나님께서 보살펴 주시면 선교, 구제, 장학사업 등 베트남인 에게도 유익한 사업을 펼쳐서 하나님께 영광을 돌리겠다. 하나님 아버지, 저와 코민 회사의 앞날을 형통하게 하소서. 아멘"

사업 초기 부천 김선재 회장 1천여만 원, 윤찬노 사장이 2백여만 원을 공동사업자금으로 투입했으나, 매달 700여만 원이 소요되니 새로운 자금원이 없으면 버티기 어려웠다. 그때는 베트남 경제성장률이 10% 넘는 호황이었으나 적은 자금력으로 경험 없는 사업에 투자는 무덤을 파는 행위였다. 나는 무슨 배짱으로 베트남에 갔는지 지금도 이해가 안 된다. 결국 그해 10월 23일 자금을 구하러 한국에 왔고 11월 6일 매제에게 2천만 원을 빌려서 베트남에 50%를 보냈다. 하지만 나중에 2009년 2월초 베트남에 가보니 그동안 밀린 임대료, 월급 등을 제대로 주지 못해서 현지 직원들이 컴퓨터, 골프팩, 냉장고, 카메라 등을 모두 집어가고 말았다.

건물 주인은 출입문에 자물쇠까지 굳게 채워서 통제하였다. 나는 아내의 도움으로 겨우 비행기티켓을 사서 2009년 2월 4일 베트남에 갔으나 사무실에는 들어가지도 못했다. 그래서 근처 여인숙에서 20일 정도 거주하다가 귀국했고, 맹 사장은 임금체불관련 출국금지로 4개월 후에나 돌아올 수 있었다. 그때의 참담한 심정은 이루 말할 수 없었다. 실로 모든 것을 버려두고 야반도주하는 심정으로 돌아왔다. 하지만 이런 과정을 통해서 주님은 나를 한없이 낮추시고 새로운 길을 예비하셨다. 모든 면에서 너무도 암담한 그 순간에 하나님은 구원의 삶을 열어주셨다.

그럼 구원이란 무엇일까? 쉽게 얘기해서 물에 빠진 사람은 건져 나오는 것이 구원이요, 암에 걸린 사람은 고침 받는 것이 구원이요, 죄의 문제로 천국에 갈 수 없는 사람은 죄에서 벗어나는 것이 구원이다. 물에 빠져 죽은 사람은 끝장 난 것이고 암의 고통에서 벗어나야 참다운 구원이며 죄에서 해방 돼야 천국에 간다. 당시 나에게 구원은 무엇일까? 당연히 막대한 빚더미와 정신적 상실감을 극복하는 것이었다. 다행히

2008년 10월 말경 베트남에서 귀국하여 정통복음을 들었다. 지금까지는 가짜복음이었다. 예수님 보혈로 영원한 속죄를 통해 의인된 것을 믿음이 참 복음이다.

전성일 원장님은 어릴 때부터 천주교를 믿었다. 그분이 나에게 정통복음을 전해 주었다. 베트남 사업이 위기에 처해 있던 2008년 11월 초 그분은 "김사장! 혹시 박○○ 목사님에 대해 들어보았나?" 하였다. 그래서 "글쎄요. 그분은 잠실 운동장 체육관 전도 집회를 많이 하던데요. 그리고 이단이라는 얘기도 있습니다." 하였더니 "아니야! 박○○ 목사님 집회 가봤더니, 아주 복음적인 분이야. 이 책 한번 읽어보면 알거야!" 하면서 『죄에서 벗어나는 속죄제사』라는 책을 선물해주셨다. 나는 그 당시 마음이 참으로 곤고하고 힘들었다. 그 책을 큰 거부감 없이 읽었다.

선물받은 책 속에는 정말 놀라운 메시지가 있었다. 성경 구약에서 우리의 죄가 어떻게 양, 염소에게 넘어가고, 속죄되는지에 대해 성경을 근거로 상세히 적혀있었다. 특히 제사장이 번제단 뿔에 피를 바르는 것은 유월절 양의 피를 문설주에 발라서 죽음의 그림자가 넘어가는 것과 동일했다. 제단 뿔은 나의 죄를 의미했다. 즉 "예수님이 나의 죄를 위해 십자가에서 피를 흘려 대신 죽음으로 영원한 속죄로 의롭게 해놨기 때문에, 이를 믿으면 구원이다.”는 사실들이 성경을 근거로 매우 설득력 있게 풀이되어 있었다. 그래서 나는 그 책을 읽으면서 구원을 받았다. 2008년 10월 28일이었다. 이후 나의 신앙은 담대해졌으며 그동안 온갖 의문들이 풀리게 되었다.

7. 중생 이후
나의 삶의 변화와 간증체험

구원은 나의 중심이 옮겨가는 것이다. 내 중심 나를 바라보는 신앙에서 하나님 중심의 신앙으로 옮기는 것이다. 즉 구원은 거듭나는 것으로, 예수님이 십자가에서 흘린 속죄의 피와 함께 죄인이었던 예전의 나는 죽었다. 그리고 사망권세를 이긴 예수님의 부활과 더불어 내 영혼도 다시 살게 되었다. 하나님의 눈에는 내가 죄인에서 하나님의 아들로 신분이 바뀌었다. 그래서 바울은 "그런즉 누구든지 그리스도 안에 있으면 새로운 피조물이라. 이전 것은 지나갔으니 보라 새 것이 되었도다."라고 하였다(고후5:17). 구원되면 성령님이 자기가 하나님 자녀라고 알게 해주신다.

그날 구원 받은 이후에도 현실은 같았지만 보는 관점은 전혀 달랐다. 예수님이 내 죄악, 질병, 허물을 친히 담당하고 십자가를 지셨다(사53장). 그래서 그분으로 인해 평화, 치유, 기쁨을 누릴 수 있었다. 우리에게 닥치는 불행, 죄책감, 고통이 내 것이라면 마음의 평화와 안식이 없을 것이다. 그러나 예수님에게 모든 짐을 넘겼다면 내가 할 일은 없다. 즉 예수님이 일하고 나는 그분을 믿고 쉼을 얻는 삶이 신앙이다. 이런 믿음이 없다면 내 앞의 모든 문제는 내가 해결해야 되므로 평안과 안식이 없다. 구원을 받게 되니 이 모두는 예수님의 문제가 되었다.

구원을 받으니 문제를 보는 눈이 달라졌다. 현재 문제라고 보는 나의 시각은 중요치 않고, 하나님은 어떻게 보시는가? 하는 점이 중요하였다. 그래서 베트남 출석교회도 전세계 80여 개 국에 2백여 명의 선교사를 파송한 기쁜소식선교회로 옮겼다. 당시 서울에선 양재역 인근 기쁜소식강남교회를 다니고, 호치민시 근무 때에는 탄손넛 국제공항 인근의 박재윤 목사님 교회를 다녔다.

2009년 2월 15일(일) 처음으로 나갔다. 그곳은 가정집을 교회로 쓰고 있었다. 외국 선교사는 대개 한국교포에게 복음을 전하는데, 그 분처럼 현지주민에게 직접 복음을 전하는 경우는 극히 드물다. 왜냐하면 베트남 법률상 현지주민에게 복음을 전하다 적발되면 곧장 추방된다고 한다. 박재윤 목사님은 10여 차례 꽁안(경찰)에 걸려서 추방될 위기를 하나님 은혜로 벗어났다고 간증하셨다. 그분에게 한국에서 보내는 선교비도 매월 100여만 원의 수준이었다. 그 돈으로 임대료, 식음료, 교육비, 선교비까지 충당하신다고 했다. 하나님의 은혜가 아니면 도저히 할 수가 없는 상황이었다. 정말 핍박과 고난을 낙으로 삼고 희생하며 섬기는 참 목자로 보였다. 부인과 아들 2명도 완전히 현지인처럼 되어 복음을 전하였다. 그 선교사님을 보면서 욕망을 따라 거칠게 살아왔던 내 자신이 한없이 작게 느껴졌다.

이후 나는 몇 차례 박 선교사님 교회를 나갔다. 당시 그곳에는 1년 과정의 봉사활동을 위한 단기 선교사들이 교회 내에 기거하고 있었는데 그들과 좀 더 얘기를 나누지 못하여 후회가 된다. 그 교회를 갔을 때에는 사업을 모두 접고 귀국 날짜를 헤아리고 있었다. 박 선교사님은 맹사장과 같이 있는 여인숙까지 방문하여 예배를 봐 주시고 "맹 사장님도 구원을 받으면 참 좋을 텐데." 하셨다. 그 아쉬워 하던 모습이 지금도 눈에 선하다.

결국 나는 많은 짐들을 선교사님 교회에 맡기고 베트남 사업을 접고 한국으로 돌아왔다. 막상 귀국하려니 암담하였지만 모든 것을 주님께 맡기었다.

그 당시 만일 하나님이 없었다면, 어떤 결과가 나왔을까? 아마도 나의 집안은 파산하고 가족이 흩어졌을지 모른다. 하지만 이렇게 은혜를 베풀어 주신 하나님께 진실로 감사드린다.

2009년 2월 말경 귀국 이후 사건에 대해서는 2부 초반에 「내 인생 최악의 사건」에 기술하였다. 귀국해 집에 곧바로 가지 않고, 양재동 강남교회로 가서 이종한 집사 소개로 박 목사님과 교제하였다. 나의 얘기를 들으신 그분은 "아무 걱정말구 아내에게 모든 사실을 100% 고백하면, 다음은 하나님이 해결할 겁니다." 하였다. 그래서 귀가해 아내에게 카드와 각종 빚 1억 원 이상을 털어 놓았고 아내는 크게 실망하여 "그동안 나를 철저히 속여 먹었구먼. 이젠 당신과 도저히 못살겠어. 이혼해요!" 하면서 구례 친정으로 내려갔다. 그때는 현실이 너무 혼란스러워 믿을 곳은 하나님 밖에는 없었다. 결국은 하나님이 일을 하셔서 장인어른께서 아들 주려고 남겨 놨던 과천아파트를 팔아 자식들에게 나눠주고 나에게도 빚을 청산하는 계기를 주셨다.

이후 나의 현실은 너무도 힘들었지만 하나님이 점차 회복

시켜 주셨다. 당시 나는 신사역 인근 부동산 사무소에 나가며 틈틈이 인력사무소 일용직 잡부로 일당 8~9만 원을 벌었다. 예전에 부동산 빌딩중개하며 일확천금을 꿈꾸던 허황된 삶에서 벗어나 막일을 해보니, 천 원 1장이 얼마나 큰지 절실히 느꼈다. 나는 지금도 그때의 절박한 마음을 늘 잊지 않는다.

베트남 사업에 망하여 모든 것을 접고 돌아온 후에 나는 양재동 경부고속도로 옆 기쁜소식강남교회에 다녔다. 박○○ 목사님이 시무하고 계셨다. 교회 출석하면서 놀란 사실은 교인들 모두 그분을 진심으로 따른다는 것이다. 큰 교회는 항상 담임목사에 대한 비판이 있기 마련이다. 대개 파벌과 돈 문제 때문이다. 나는 이 교회를 경이의 눈으로 바라보기 시작했다. 매주 교회에 나가며 윤병찬, 이동언 형제 그리고 이종한, 이명섭 집사와 신앙교제를 많이 나누었다. 다른 교회는 믿고 실행하라 강조했지만 강남교회는 자기생각을 부인하고 하나님 말씀을 따르라고 하였다.

베트남 귀국 시 문제되었던 빚은 아내와 하나님의 도움으로 대부분 청산하였다. 하지만 수중에는 거의 돈이 없어서 일용잡부를 계속하면서 오직 하나님만 의지하고 인력사무소를 준비했다. 2009년 9월부터 준비하여 11월 말일에 천신만고 끝에 사당역에 두리인력 본사 김 회장님의 도움으로 사무실 잔금을 지불하였다. 드디어 12월 11일 가맹점 두리인력파출부 사당점을 개업했다. 주변의 지인 십여 명을 불러 간단히 치른 개업식은 참으로 감격스러웠다. 고난의 삶을 통해 나를 비우고 그 자리에 예수님의 영원한 구원을 채우신 하나님의 은혜에 감사드린다. 할렐루야~ ♪

8. 교회봉사 활동과 사이버신학교 졸업과정

2010년 두리인력 창업 초기에는 경험 및 자금부족으로 굉장한 어려움을 겪었다. 1월에는 하루 일 나가는 사람이 1~5명 수준이었다. 자금확보가 안 되어 1개월 단위 대불 싸인지 선 지급은 엄두도 못 내었다. 매달 회사 운영비만 해도 400~500만 원 될 텐데, 1개월 수익이 100만 원도 안 되었다. 또한 처음부터 일요일은 사무실 문을 닫고 쉬었다. 주일 작업은 전날 문자 메시지로 발송해 직접 현장에 가도록 했다. 창업초기 성남시 본사에 전화해 작업주문을 매일 1~2명이라도 밀어 달라고 했다. 결국은 1명 도와준 일은 없고 본사 김 회장님이 방문해 "고기 잡는 방법만 알려주니

물고기는 직접 잡으라.” 하길래 “내가 망해도 도움 요청은
안하겠다.”고 결심하였다.

이렇게 어려운 가운데 시작한 사업이었지만 하나님 은혜
로 수개월 후에는 정상화되었다. 교회는 가족들의 비협조로
나 혼자만 다녔다. 내가 사업에 실패하고 수차례 교회를 옮
겼기 때문에, 가족에게 미안해서 송파에서 양재동까지 교회
가자고 할 수 없었다. 하지만 혼자 나가도 마음에 아무런 거
리낌은 없었다. 그런데 어느 순간 박 목사님 설교가 지루하
게 들렸고 교인들과의 교제도 귀찮기만 했다. 그래서 또 몇
개월 동안 교회에 나가지 않았다. 교회에 안 나가자 고민만
더 늘어나는 것 같았다. 그리고 예전 생활의 두려움이 밀려
왔다. 나의 발길은 어느새 다시 교회로 향했다.

2010년 10월경 다시 교회로 발걸음을 하면서 ‘내가 왜 교
회에 정착을 못 할까?’ 깊이 생각해 보았다. 결론은 단순히
교회만 나가지 말고, 직분을 맡아 봉사를 맡는 것이었다. 그
래서 양재역 1번 출구에서 교회까지 매주일 셔틀차량 운전
을 자원했다. 오전 9시. 오후 12시 각각 1시간 반씩 현재까
지 4년간 매주일 봉사활동을 한다. 그 15인승 차량을 운전
하면서 말씀 테이프를 들으니 너무 좋았고 이명섭, 김홍수
집사 등 믿음의 동역자를 만났다.

믿음의 성장은 혼자서 고립되어 있으면 한계가 있다. 교회 (ecclesia, 에클레시아)라는 뜻은 '하나님의 부름 받은 자들의 모임'이기 때문에, 그 성도모임 가운데 하나님이 힘 있게 일하신다. 차량봉사를 하려면 08시 30분경에 교회에 나와서 운행할 셔틀차 안. 밖을 깨끗이 청소해야 한다. 나는 매주 승합차를 끌고 나갈 때마다 하나님 일에 쓰임 받는 것이 너무 행복하다. "불과 4~5년 전 베트남 사업에 철저하게 실패하여, 고통스러웠던 나를 이 축복된 곳에 불러 주셨다."고 생각하니 진실로 감사하였다. 오후 셔틀차 운행할 때는 이동언 형제가 동승하여, 신앙적 교제를 많이 한다. 그는 나와 동갑으로 예전에 구원받고 교회를 10년간 떠났다가 다시 돌아왔다.

이 형제는 늘 "세상에 어느 교회도 기쁜소식교회와 박 목사님처럼 깨끗하고 성경 말씀대로 운영하는 데가 없어 다시 찾아 왔다. 비록 내가 타락해서 교회를 떠났었지만 그 후에 아무리 눈 씻고 뒤져 봐도 이 교회의 잘못된 점을 발견할 수 없어서 돌아왔다."고 하였다. 그 간증은 나에게 큰 힘이 되었다. 이 형제는 내가 구원 받고 처음 참석한 겨울 강릉캠프에서 점심 때 옆 자리에 앉았었다. 첫 인사를 한 후에 "구원 받았으면 의롭겠네요?"라고 물어왔다. 그래서 "당연하지요.

죄인이었던 내가 예수님의 십자가 피로 깨끗하게 되었습니다. 죄를 씻었으니 당연히 의롭지요.” 하였다. 그랬더니 “그럼 거룩하시겠네요?” 또 질문해서 “거룩합니다.” 하였더니 “네! 혹시 하나님만큼 거룩합니까?” 하고 당돌(?)하게 물어왔다.

순간 나는 좀 당황하여 “하나님만큼 거룩하진 않겠지요.” 하였더니, 웃으면서 “아닙니다. 성경에는 우리가 예수님 피로 모든 죄를 씻고, 하나님과 동일하게 깨끗하고 의롭고 거룩하게 이미 해 놓았다고 했어요. 말씀을 마음에 받아들이는 것이 믿음입니다(고전6:11, 롬3:24. 4:3).”라고 명쾌하게 설명해 주었다. 이 형제는 겉모습은 나처럼 날카롭지만 의외로 정감 있고 말씀을 깊이 있게 알고 있었다. 옳은 말씀이었다. 우리가 하나님 자녀되는 것은 예수님 피의 공로요, 하나님만큼 의롭고 거룩하지 않고 어떻게 하늘나라에 갈 수 있겠는가? 이를 믿는 것이 참 믿음이다!

또한 나는 이 형제의 적극 추천으로 2012년 전반기 마하나임사이버신학교 5기로 등록하였다. 매일 2~3시간을 강의 들어야 되고, 2년간 여유시간 대부분을 수업에 집중해야 하기 때문에 망설였는데 1기로 먼저 졸업 후에 나에게 권유하니 용기를 내어 등록을 하였다. 우리 교회는 바울, 베드로부터의 정통복음을 간직한 교회로서 미국개척 초기 청교도 교회와 맥락이 같다. 그 복음은 중세의 엄혹한 시대를 거쳐 왈도파, 위클리프, 마틴 루터, 요한 웨슬레, 디엘 무디, 찰스 스터드, 놀만 그람(영국, 웹 선교회)이 파송한 케이스 글라스 선교사와 미국의 딕 욕 선교사 등에 의해 1962년 대구 선교학교를 세워 정통복음의 마하나임신학교로 개편하였다.

사이버신학교를 공부하는 2년간은 배우는 기쁨과 고난의 과정이었다. 아침 일용근로자를 현장에 보내고 후속 일을 마치면 통상 8시가 된다. 그때부터 오전 1~2시간 오후 또는 저녁 때 강의 듣거나, 한번 밀린 강의를 들으면 평소 귀가 시간이 10시가 넘었다. 처음 1학기는 습관이 안 되어 있고 7과목 18학점 수업이 정말 힘들었다. 시간 될 때마다 강의 들어도 바쁜 일로 잠시 1~2일 강의 못 들으면 금세 밀린 강의가 10개가 넘었다. 그래서 신학교 입학을 후회하고 중도 포기할 생각도 했으나 지금까지 시간투자가 아까워 계속하였다. 그래도 첫 학기성적 4.03(4.5 만점)은 좋았다.

2012년 2학기는 편한 마음으로 공부하여 성적 4.13으로 장학금으로 등록금 50% 감액을 받으니 감사했다. 3차 3.81, 4차 4.10으로 총점 평균 4.01점이었다. 하나님은 사이버신학교 수업을 듣게 하신 목적이 있으리라! 그런 가운데 마침내 2014년 2월 22일 가족들과 이명섭 집사, 이동언 형제 축하 속에 서울 강남교회에서 졸업하며 교육전도사 자격증서를 받았다. 특히 졸업식에는 힘들게 공부하는 것을 안쓰러워하던 아내와 진주, 보배가 모두 참석하여 더욱 기뻤다.

교회 대예배 광경

9. 나의 신앙칼럼

1) 스스로 죄인이라 고백하면서 천국 갈 수 있나요?

하나님이 계신 천국에는 죄인이 있을까? 불행히 죄인은 하늘나라에 단 한 명도 없다. 의로우신 그분은 죄인과 동거할 수 없다. 그런데 이 땅에는 "주여! 나는 죄인입니다!"라 입으로 고백하면서, 죄인이지만 하늘나라에 간다고 큰소리친다. 무엇이 문제인가? 그래서 궁금해 물어본다. "아니 어떻게 죄인이 하늘나라에 간다고 얘기합니까?" 질문하면 "원죄는 예수님의 피로 다 씻어서 죄가 없고, 매일 짓는 자범죄는 회개로 씻습니다." 하여 또 물어 본다. "그럼 마음과 행위로 지은 죄를 회개로 미처 못 씻은 상태라면 천국입니까?

지옥입니까?"라고 물으면 대답을 못한다.

왜냐하면 죄가 남아 있으니 천국 간다고 할 수 없고, 만약 지옥 간다고 하면 지금까지 헛일을 했기 때문이다. 오늘날 많은 기독교인이 어중간하게 천국과 지옥문의 중간에 서 있다. 참으로 불행하지만 현재의 목회자도 그 이상의 교육을 받지 못했다. 오늘날 많은 기독교인의 불행과 불신의 원인이 여기서 출발한다. 자기도 마음에 진실로 믿지 못하면서 주변에 전파한다. 그 근원은 천주교와 세상에 널리 퍼진 자유주의신학의 영향 때문이다. 루터는 신부로서 종교개혁을 했지만, 천주교 일부관례와 신앙고백 등은 그대로 가져왔다. 자유주의신학은 인간의 노력으로 선에 도달한다고 강조하고 있다. 죄의 문제도 자기가 씻어야 된다고 믿는다.

죄와 죄사함을 통한 구원이 기독교의 핵심이다. 죄에 빠진 인간이 죄를 자기가 씻는 것은, 물에 빠진 사람이 스스로 구원할 수 있다는 논리와 같다. 나는 초등학교 때 한강물에 빠져본 적이 있다.

고기 잡으러 가서 갑자기 깊은 웅덩이에 미끄러졌다. 다급하게 "사람 살려~!"라고 외쳐서 마침 이웃들이 달려와서 건져 주었다. 인간이 죄에 빠진 것은 하나님 눈에는 배신자, 원수가 된 것이다. 멸망과 죽음 그리고 지옥만이 앞에 있는

데 여기서 건져내는 것이 구원이다. 물에 빠져 본 사람은 안다. 자기 힘으로는 도저히 빠져 나올 수 없다는 것을. 만일 빠져 나올 수 있다면 예수님이 육신으로 세상에 올 이유가 없다.

스스로 안 되면 외부 힘을 빌려야 된다. 그래서 예수님이 오셨다. 모세가 이스라엘 민족을 애굽에서 구하듯이, 예수님은 인류를 죄에서 구하셨다(참고: 모세- 물에서 건져내다. 예수- 자기 백성을 죄에서 구원할 자라는 뜻). 하나님께서 죄를 예수님께 담당시키고(사53:6), 세상 죄를 지고 가는 하나님의 어린양(요1:29)으로 와서, 십자가에서 대속의 피를 흘려서 구원을 다 이루셨다(It is finished, 요19:30). 즉 죄는 우리가 회개로 씻는 것이 아니라 예수님의 피로서 죄를 완벽하게 씻어 놓은 것을 믿음으로 마음에 받아들이는 것이다. 즉 구원은 은혜와 선물이다(엡2:8).

사람들은 예수님이 해 놓은 것을 믿음으로 받지 않고 내가 의롭게 살고 행해서 하나님께 인정받으려 한다. 그러나 하나님은 예수님 외에는 받지 않는다. 즉 우리는 자기 예물을 들고 나간다. 하나님은 자기노력의 소산물인 카인의 제사가 아니라 어린 양 예수로 말미암는 아벨의 제사를 기쁘게 받는다(창4:4). 이제 우리 관심을 내 중심에서 하나님 중심으로 옮겨야 된다. 하나님이 죄를 용서하는 방법은 내가 의롭게 사는 것이 아니라 예수님이 십자가 피로 세상 사람들을 영원히 속죄한 것을 믿으면 된다(히9:12).

그래서 하나님의 눈에는 우리가 거룩하며(히10:10), 나의 죄와 불법을 다시는 기억조차 않는다(히10:17). 우리가 죄의 심판을 받고 지옥에 가는 것은 내 마음에 있는 죄를 예수의 피로 씻지 못해서이다. 즉 하나님은 나를 보고 일하지 않고 예수의 피를 보고 일하신다. 그러나 사단은 하나님을 바라지 않고 자기 행위를 보게 해서 절망에 빠지게 한다. 단적인 예로 예수님이 십자가 강도를 구원하면서 "네가 오늘 나와 함께 낙원에 있으리라!" 하였다. 강도가 무얼 잘해서 구원하셨나요? 오직 믿음과 예수님 은혜 때문이다. 그러므로 자기를 죄인이라 칭함은 하나님과 무관한 사람이다!

2) 한국교회는 왜 타락하게 되었는가?

한때 세계의 자랑거리였던 한국교회가 왜 이렇게 타락하였을까? 오늘날 대형화, 금전 만능, 파벌 다툼, 부자 승계, 권력 아부 등 세상과 조금도 다르지 않다. 이는 갑자기 나타난 현상이 아니라 문제점이 잠복해 있다가 드러난 것이다. 한국에 온 최초 선교사는 영국인 토마스이며 1866년 병인양요 당시 대동강에 제너럴셔먼호를 타고 왔다가 순교하였다. 당시 살해자는 박춘권으로 토마스 선교사가 죽으면서 전하여 준 성경에 감동되어 장로가 되었다. 이러한 인연으로 평양은 장대현 교회 등을 중심으로 한국교회 시발점이 되었다. 1907년 1월 장대현 교회 길선주 장로가 "내가 아간이오!"라는 통회고백으로 거대한 회개운동이 일어났다.

이는 길 장로 친구가 죽으면서 자기에게 맡긴 재산을 가로챘다고 교인 앞에 고백하며 촉발되었다. 그러나 1910년 한일강제병합이 되면서 일본과 타협하여 교회 지도층이 신사참배 등을 하면서 살아남았다. 당시 한국에는 미국, 캐나다 선교사가 대다수 이며 정통복음 선교가 아닌 농촌계몽, 학교, 고아원, 병원설립 등을 주로 하였다. 그래서 많은 교인들은 죄 사함, 회개와 믿음과 구원보다 술 안 먹고 담배 안 피우는 일에 더 집착하였다. 즉 마음속은 그대로인데 겉으로 드러난 행위만 감독하는 껍데기 신앙으로 전락하였다. 그래서 표리부동, 위선적인 신앙인이 양산되었다.

이런 모습은 6·25 한국전쟁, 유신독재, 5공, 6공 군부정권을 거치면서 더욱 노골화되었다. 정통복음 아닌 사회사업과 농촌계몽 중심의 껍데기복음이 판을 쳐서, 통제받지 않은 목회자와 금전숭배를 통해 대형교회로 치닫게 되었다. 또한 인본주의, 고등비평의 자유주의신학이 주류가 되어 자기 만족의 기복 신앙으로 빠르게 타락해 갔다. 그러니 자기중심의 '긍정적 사고, 적극적 행동'을 통해 욕구를 채우는 신앙으로 변질되어도 스스로의 문제점을 발견하지 못하였다. 즉 세상 사람과 차이점이 별로 없어졌다.

예수님은 신앙인은 세상의 빛과 소금이라 했다. "소금이 만일 맛을 잃으면 아무 쓸데없어, 밖에 버려져 사람에게 밟힐 뿐이라(마5:13)." 하셨다. 마치 오늘날 한국 기독교인의 모습을 보는 듯하다. 사실 이런 중심에는 진정한 정통복음 신앙이 없기 때문이다. 그러한 근거와 증인을 제시한다! 현재 한국교계 대표자로 살아 있는 분은 영등포교회 방지일 원로목사이다. 그분은 1911년 5월 생으로 현재 104세이다. 1933년 평양숭실대를 나와 장대현 교회 전도사를 했다. 목사안수를 받은 77년째이다. 명실공히 기독교계 최고 어른으로 꼽히며, 젊을 때 방 목사 집에서 성경공부를 했던 명성교회 김삼환 목사는 "방 목사님은 나의 스승."이라고 부른다.

그런 분에게 중앙신문 기자가 "기독교 신앙의 핵심은 무엇입니까?"라고 물었다. 방 목사는 "죄사함이다. 하나님 나라에는 죄가 없다. 그래서 죄를 안고선 그 나라에 갈 수 없다. 그러니 죄로 얼룩진 우리가 예수그리스도를 통해 죄사함을 받는 것이다.”고 말씀하셨다. 그래서 기자는 “어떻게 해야 죄사함을 받나?” 하니 “신앙은 투항이다. 내 것을 내려놓고, 회개를 통해 자기가 죽는 거다. 옛날 평양숭실대 빈 강의실에서 기도할 때 내 죄가 정말 많다고 알았거든. 의자를 흔들고 통곡하고 회개하면 또 죄가 보여. 그래서 의자 나사가 풀어져 몇 개나 부쉈는지 몰라. 늘 내 죄를 현미경처럼 찾아서 회개하면 즉시 눈처럼 깨끗해진다.” (2009. 6. 4. 중앙일보 기사)

위의 인터뷰 읽으면 어떤 느낌인가? 위 내용에 한국교회 문제점의 실마리가 있다. 즉 방지일 목사는 늘 죄 속에 살면서 마음에 죄사함을 받지는 못했다. 100세 넘게 죄를 씻으려고 해도 다 못 씻는 죄를 누가 해결하겠는가? 그분은 예수님이 우리 죄를 현재와 과거뿐 아니라 미래까지 예수님 기준으로 벌써 씻어 놓은 것을 믿지 않고, 자신 기준 죄를 본인이 씻으려니 평생 불가능하다. 그분뿐만 아니라, 그 방 목사님께 배운 분들도 죄인으로 만들었다. 현재 한국교회타락의 근본원인은 이러한 믿는 죄인으로 인해 발생한다!

예수님의 12사도와 바울 이후 정통복음은 어떻게 계승되어 왔는가? 먼저 정통복음의 핵심 내용은 존 칼빈의 '기독교 강요'를 근거로 하여 '인간에게는 선이 없다' 즉 인간은 100% 악뿐이라는 점을 인정하고 오직 믿음과 하나님의 은혜로 구원을 받아야 한다. 그러나 이와 다르게 자유주의 신학은 '인간에게도 선이 있다'는 것으로 하나님에게 무엇인가를 잘 할 수 있다고 믿는 인본주의 신앙이다. 현대 복음주의는 이런 자유주의 신학을 받아들여 종교통합주의로 발전하였다. 그래서 기독교, 천주교, 불교, 유교, 이슬람교를 총망라한 종교일치화 주장이 에큐메니칼 운동이다.

즉 이러한 자유주의 신학과 현대 복음주의에는 인간의 전적인 자기부인과 예수 그리스도 대속의 피를 통한 구원은 없다. 인간이 중심이 되며, 인간도 잘만하면 된다고 믿는다. 이러한 "모든 종교는 하나이다."는 에큐메니칼 운동은 성경에서 베드로, 바울이 말한 정통복음과 분명히 다르다. 아담은 선악과 사건 때 하나님의 말씀보다 사단의 말을 들었다. 즉 죄는 하나님을 떠나서 하는 모든 일들이다. 그러한 죄가 구약에서는 속죄양의 피가 죄를 씻었고, 예수 이후에는 예수의 피가 내 죄를 영원히 씻어서 "그 피로 인해서, 나는 의롭게 되었고 죄가 없다."고 믿는 것이 구원이다.

그동안 정통복음을 지키기 위해 수많은 순교의 피를 흘렸다. 예수의 12사도 중에 오직 사도 요한만이 밧모섬에 유배되어 자연사했고 마태, 마가, 베드로, 빌립, 도마 등은 모두 칼, 창에 맞아 죽거나 십자가 형벌 등으로 비참하게 죽었다.

12사도 시대 이후에도 로마 황제의 핍박으로 피 흘리는 순교의 역사였다. 313년 콘스탄틴 황제 때 니케아종교회의에서 기독교공인 이후에도 로마카톨릭의 핍박은 계속되었다. 사도 요한의 제자 속사도 폴리갑은 화형 당했으며, 많은 그리스인은 카타콤이라는 지하동굴에서 목숨을 부지했다.

이런 암흑시대에도 재침례파와 7세기 폴리시안, 10세기 이후의 왈도파는 성경 라틴어 번역 및 필사, 복음서와 서신서 암기, 유아세례 거부 등을 하며 알프스 산맥에 숨어 살았다. 당시는 카톨릭에서 성경 읽기를 금지했었다. 그들은 예수가 우리의 모든 죄를 사했고 믿음으로 구원 받는다는 신앙을 전파하다 많은 순교를 당했다. 14세기 위클리프는 타락한 성직자를 질타하며, 교황을 '적 그리스도'로 호칭하며 평민에게도 복음을 전하였다. 15세기 체코 얀 후스는 3천 개의 설교를 하며, 종교개혁가의 길을 걸었으나 화형을 당했다. 16세기 마틴 루터는 성경을 독일어로 번역했고 1517년 카톨릭교회 면죄부에 반대하는 95개조 반박문을 비텐베

르크 성당에 걸면서 종교개혁의 불길이 전 유럽에 번지게
하였다.

 특히 루터는 "의인은 오직 믿음으로(롬1:17)"라는 성경의
깨달음으로 구원을 받았다. 이는 우리가 의롭게 되는 것은
오직 믿음 때문이라는 사실을 명확히 하였다. 그 후 스위스
쯔빙글, 존 칼빈, 재침례파의 청교도, 독일 진젤도프 백작과
모라비안 선교회, 영국의 존 웨슬레, 미국의 조나단 에드워
드, 찰스 피니, 찰스 스펄젼, 디엘 무디, 인도선교의 윌리암
케리, 중국선교의 허드슨 테일러의 학생복음운동과 인도,
아프리카 선교사 찰스 스터드에 의한 영국의 웩 선교회(세계
복음전도십자군)에서 1956년 케이스 글라스 선교사를 한국에
파견했다. 이어서 딕 욕, 케이스 글라스 등의 선교사가 세운
대구 선교학교에 11명 학생이 입학해 선교훈련을 받았다.

 오늘날 한국정통 복음의 맥을 잇는 그 선교학교는 오직 하
나님만 의지하는 믿음훈련을 받았다. 이후 그 분들은 지금
까지 말씀 중심의 사역을 하였다. 오늘날 그 선교학교 맥을
잇는 기쁜소식선교회는 세계 80여 개국에 2백여 명 선교사
파송과 6백여 개 현지교회와 국내 180여 개 기쁜소식교회
를 설립해 국내외 20만 명 성도로 성장했다. 또한 성경 세

미나 및 방송선교, 해외의료봉사 등을 하고 있다. 한국에서 그 정통복음교회로 인해 수많은 영혼들이 구원받을 걸 생각 하니 하나님께 진실로 감사드린다! 할렐루야♪

4) 내가 영원히 의롭고 거룩하며 깨끗하게 될 수 있나요?

물론이다! 그렇게 되어 있다. 이는 내가 하는 것이 아니라 예수님이 십자가 피로 벌써 완벽하게 해 놓으셨다. 믿음은 내가 무얼 행하는 것이 아니라, 예수님이 해 놓은 것을 믿는 것이다. 머리로 아는 지식이 아니라, 가슴으로 받아들여야 한다. 성경에 "너희 중에 이와(불의) 같은 자들이 있다니, 주 예수 그리스도의 이름과 우리 하나님의 성령 안에서 씻음과 거룩함과 의롭다 하심을 얻었다(고전6:11)."고 하였다. 하나님 은 예수 그리스도가 2천 년에 죄를 영원히 씻어서 거룩하고 의롭게 해 놓았다고 하셨다. 내 생각에 나는 죄인이지만 하 나님은 거룩한 의인이라고 하신다.

하나님의 말씀을 믿을 것인가? 내 생각을 믿을 것인가? 믿 음은 내 생각을 버리고 하나님의 말씀을 믿는 것이다. 왜냐 하면 말씀이 하나님이기 때문이다. "말씀이 하나님과 함께 계셨으니 이 말씀은 곧 하나님이니라(요1:1)." 즉 하나님을 믿는 것은 말씀을 믿는 것이다. 그런데 사람들은 "내가 매일 알게 모르게 죄를 짓는데, 어떻게 의인이냐? 당연히 죄인이지." 한다. 그런데 성경은 "영원한 속죄(히9:12)를 하였고, 내 죄와 불법을 다시 기억지 않으며, 죄사함을 했으므로 죄를 위해 제사 드릴 것이 없다(히10:17~)."라고 하였다. 따라서 여전히 죄인이라 고백하는 분은 그 마음이 아직도 메시아가 오기 전인 구약 율법시대에 머물러 있다.

구약 율법은 행위의 법이다. 그러한 율법(모세 5경)은 생명이 아니라 사망의 법이다. "율법은 모든 입을 막고 온 세상으로 하나님의 심판아래 있게 함이라. 그러므로 율법의 행위로 의롭게 될 육체가 없나니 율법으로는 죄를 깨달음이라(롬3:19~)." 즉 율법은 죄를 깨달아 하나님 심판 앞에 나오게 해서 은혜를 입히려는 법이다. "그리스도 예수 안에 있는 구속(대속, 속량, 속죄)으로 말미암아 하나님 은혜로 값없이 의롭다 하심을 얻은 자 되었느니라(롬3:24)." 즉 예수님이 우리의 죄 값을 대신 치러서 죄가 없으므로 의롭게 되었다고 하였다. 내 생각과 전혀 상관없이 하나님 눈에는 우리가 의롭게 보인다. 문제는 내 마음과 생각에 있는 죄를 씻지 못 하면, 하나님의 자녀가 될 수 없다. 내가 무엇을 해서 의롭게 되는 것이 아니라, 예수 피가 나의 모든 죄를 영원히 씻어 의롭게 한 것을 믿지 않음으로 심판을 받는다(요일1:7, 골1:14). 다시 말해서 하나님은 아들 예수를 '세상 모든 죄를 영원히 씻어 내는 대표선수'로 이 땅에 보내셨다. 김연아 선수가 올림픽에 가서 금메달을 따면 한국인 전체가 금메달 딴 것과 동일하다. 또는 경마장에서 누구 조언을 듣고, 3번째 말에 배팅했다면 내 생각과 상관없이 그 경마 순위에 따라 100배의 배당도 받는다.

하나님은 인간을 만드신 창조주이기에 인간 스스로 죄를 해결할 수 없으므로 예수님께 죄를 담당(사53:6)시켜 단번에 해결하였다(히9:26). 그래서 거룩하게 되었다(히10:10). 이를 믿으면 "죄와 사망의 법에서 해방된다(롬8:2)." 구약에서도 예수의 피를 통해 나의 죄를 사한다고 많이 기록돼 있다. "내가 그들의 죄를 사하고 다시는 기억 않는다(렘31:34)." "나는 네 허물을 도말하는 자니 네 죄를 기억지 아니하리라(사43:25)." 이처럼 하나님은 예수님 통하여 죄 문제를 해결하고 예수 피로 인해 의롭게 하셨다.

이는 내 행위와 무관하다. 경마 또는 김연아 메달과 동일한 사례이다. 아무리 수백 배 배당이 되었어도 믿고 찾지 않으면 없는 것과 같다. 그런데 하나님은 얼마나 마음이 아프

실까? 아들까지 희생양으로 주었어도 사람들은 잘 믿지 않는다. 믿어도 예수님의 영원한 속죄를 믿지 않고 매일 자기 죄를 씻는 자는 불신자와 같다. 믿음 있는 죄인이란 없다. 원래부터 하나님 세계는 내가 일하지 않는 은혜의 땅이다. "일을 안 할지라도 경건치 않은 자를 의롭다 하신 이를 믿으면 그의 믿음을 의로 여긴다(롬4:5)." 즉 나는 일하지 않고 예수님이 대신 일해서 의롭고 거룩하게 된 것을 믿는 자가 의롭다. 이젠 신앙도 내 눈이 아닌 하나님 눈으로 나를 봐야 할 때이다!

5) 예수님 피가 어떻게 나의

과거, 현재, 미래의 죄를 씻는가?

내가 지난날 교회 다니면서 제일 고민하던 일은 머리로는 예수님이 나의 죄를 대신해 십자가에서 피를 흘렸다는 것을 알겠는데 가슴으로 믿어지지 않았었다. 그래서 큰 소리로 통성기도하고 한얼산, 청계산, 삼각산 기도원에서 많은 산기도를 하였다. 그 유명한 "소나무 뿌리 몇 개 뽑는다."는 표현이 그래서 나왔다. "주여 이 죄인을 용서 하소서!" 하면서 소나무를 잡고 흔드니, 작은 소나무는 뿌리째 뽑히는 것이다. 그것을 마치 기도 열심히 하고 신령한 은사라도 받은 양 주변에 자랑하였다. 그처럼 나는 죄 사함 받으려고 많은 고통을 겪었다.

나중 구원을 받고 보니 성경 신·구약의 구원에 대해 정확히 기록돼 있었다. 그때는 그것이 안 보였다. 이는 알려주는 분이 없었고 내가 스스로의 죄를 씻으려니 될 리도 없었다. 나중 구원 받고 보니 기도원에서 큰소리 지르는 것이 믿음이 없기 때문이었다. 믿어지면 굳이 소리 높일 이유가 없다! 그럼 오늘은 나의 죄가 어떻게 영원히 사함 받았는지 성경을 근거로 알아보자. 구약에서 죄는 모세가 시내산에서 하나님으로부터 받은 10계명과 그 모든 율례를 지키지 못해서였다. 이스라엘 민족은 하나님에게 "여호아의 명하신 모든 말씀을 우리가 준행하리다(출24:3)."라고 하였다.

사실은 이런 율법은 사람이 지킬 수가 없는 법이었다. 하나님이 모세를 통해 율법을 반포할 때 "하나님! 우리는 할 수 없습니다."라며, 하나님의 은혜를 구해야 했다. 따라서 10계명 돌판이 내려올 때 송아지 신상 만들고, 우상을 섬긴 이스라엘 민족 3천명이 떼죽음을 당하였다(출32:28). 그래서 모세는 이스라엘 민족이 죄를 지어도 속죄소가 있었다면 죄를 씻어서 죽음을 면할 수가 있었기에, 모세가 시내산에서

40 주야를 머물며 본 하늘나라 성막을 그대로 이 땅에 지었다. 이스라엘 민족이 자발적으로 예물을 가져와서, 브살렐과 오흘리압이 성막과 각종 기물을 만들었다.

먼저 성막을 짓고 정금으로 속죄소를 만들고 떡상, 등대, 향단, 번제단, 물두멍, 성막 뜰과 대제사장과 제사장의 의복을 만들어 모든 성막공사가 마무리 돼 그들을 모세가 축복하였다(출40:43). 이제는 이스라엘 평민이 죄를 짓고 그 범한 죄를 깨달으면 속죄를 위해, 흠 없는 어린양을 끌고 와서 그 머리에 안수하고 잡아서 제사장은 그 피를 속죄소에 뿌린다. 또한 "피를 번제단 뿔에 바르고 그 피 전부는 번제단 밑에 쏟으며, 그 내장 기름은 모두 단 위에 불사르되, 제사장이 그를 위해 속죄한즉 사함을 얻으리라(레4:31)." 즉 속죄는 양의 피에 의거해 제사장이 한다는 점이다.

여기서 제단 뿔에 어린양의 피를 바름은 "유다의 죄는 금강석 끝 철필로 기록되되 그들의 마음판과 그들의 제단 뿔에 새겨졌거늘(렘17:1)" 하여 죄는 마음판과 제단 뿔에 기록되었다. 뿔은 번제단 사각 모퉁이 위에 삼각형으로 돌출된 모형을 말하며 그 뿔에 양의 피를 바르면 뿔, 즉 죄는 보이지 않고 피만 보인다. 즉 하나님이 나의 죄를 보실 때 대속의 피만 보이고, 우리 죄는 가려진다. 그래서 우리 죄가 사함받는다. 나는 이 장면으로 구원을 받았다. 어떻게 나의 죄가 어린양 되신 예수님께 넘어가며 그가 피를 흘리므로 죄 사함 가능한지에 대해 분명히 알게 되었다.

세례 요한이 예수님을 보고 "보라 세상 죄를 지고 가는 하나님의 어린양이로다(요1:29)." 하였다. 예수님은 흠 없는 어린양처럼 하나님의 아들로서 죄가 없기에 세상 죄를 담당한다(사53:6). 예수님이 흘린 피는 영원한 하늘나라 성소에 뿌려져(히9:12) 영원한 속죄를 하였다. 이는 세상은 시간계 과거, 현재, 미래가 있지만 하늘나라는 영원계 현재만이 있다. 그래서 영원한 예수 피가 오늘과 미래 내 죄를 사해준다. 이 비밀을 깨닫고 믿으면 의롭게 된다(롬4:3). 또한 자기 죄를 스스로 씻는다고 잘못 알고 있는데 위처럼 양에게 안수하고 죄를 넘겨 제사장이 속죄한다. 따라서 영원계 하늘나라 성소에 뿌린 예수의 속죄 피는 오늘과 내일 늘 동일하게 일하신다!

6) 굿뉴스미션과 다른 교회의 차이점은?

굿뉴스미션(기쁜소식선교회)은 한국에서 가장 복음적이며 개혁적인 교회의 하나이다. 이 교회는 깨끗하고 거룩한 하나님의 말씀에 충실하다. 그러나 일부 교회와 교단의 오해로 이단으로 잘못 알려졌다. 그래서 오늘날 대형 교회와 거짓된 종교지도자에 의해 시기와 핍박을 받는다. 하지만 월간조선. 신동아 등에서 기쁜소식선교회와 담임목사를 취재한 후에는 늘 "보기 드물게 깨끗하고 모범적이며, 한국교회를 새롭게 이끌 뉴리더."라는 평가를 받는다.

한편 장로교교단 측에서 공식으로 "이단이 아니다."라고 발표한 사실은 모르고 있다. 지난 2003년 120여 개 교단의 연합체인 대한예수교장로회연합회에서 처음으로 기쁜소식선교회를 직접 방문하여 1년 동안 다방면으로 검증했다. 그 결과 기쁜소식선교회에 대해 오해와 왜곡이 많았음을 인정하면서 최종적으로 발표하였다. "기쁜소식선교회는 성경 중심의 참된 회개를 강조하는 교회로 이단이라 할 수 없다."라고 판정하였다. 하지만 참 많은 분들이 이런 사실을 모르며, 맹목적으로 이단시한다. 기독교와 참된 교회역사에 대해 무지함이다(참조: 기쁜소식선교회 홈페이지 자료).

나는 앞 장에서 신앙고백을 통하여 참된 교회를 만나기 위해 30여 년간 방황했다고 하였다. 2008년 말 기쁜소식교회를 만나 확인하니 "아! 한국에 이런 교회도 있구나! 하나님께 감사하다."라는 생각이 들었다. 나도 나름대로 기존 교회

타락에 대하여 매우 비판적 시각이었다. 그런데 기쁜소식교회에 와 보니 왜 기존교회가 타락할 수밖에 없는지 그 이유를 분명히 알았다. 그래서 기쁜소식선교회와 다른 교회의 중요한 차이점을 밝힌다.

첫째: 기쁜소식선교회는 정통복음을 전한다. 그 핵심은 자기의 무익함을 발견하고, 정확한 회개와 죄 사함에 의해 구원을 받는다. 일반교회는 놀랍게도 구원과 죄 사함에 대해 애매모호하다.

둘째: 목회자와 직원이 최저급료를 받고, 재정이 투명하다. 교회분열은 대개 돈과 파벌싸움 때문이다. 정통교회는 하나님만 의지하기에

최저급료로 만족한다. 타 교회에 비해 목사님은 1/3 수준, 교회직원은 70만~100만 원 내외, 해외선교사는 소액 지원 또는 선교현지 자체 해결한다. 또한 교회재정의 50% 이상을 선교비로 쓰고 정기적으로 100% 공개한다.

셋째: 모범적인 해외선교사 제도를 운용하고 있다. 선진국과 한국 대형교회 해외선교는 돈과 물량공세에 의지한바 크다. 영혼구제보다 육신구제를 우선하다 보니 아프리카 등 현지민은 선교사에게 물질적 지원을 요구한다. 기쁜소식선교회는 현지어도 모르고, 돈 한 푼 없이 선교사로 파송하는 경우도 많다. 오직 하나님과 영혼구제만 바라보게 한다. 현재 80여 개 국에 1천여 명의 선교사와 그 동역자가 철저한 현지민이 되어 선교한다.

넷째: 자유로운 교회 분위기와 자발적으로 봉사활동한다. 등록교인이 교회에 안 나와도 애걸복걸하지 않는다. 구원 받은 교인이라 해도 부득이 교회참석 못하면 본인이 돌아올 때까지 기다린다. 집 나간 탕자를 기다리는 아버지의 심정이다. 또한 차량봉사, 주차봉사, 식당당번, 교회행사에 자율성을 부여해 즐겁게 참여한다. 특히 헌금함 상시비치로 헌금을 절대 강요 않는다.

다섯째: 구역 및 주일예배에 간증과 교제를 중시한다. 주요행사에 앞서 누구나 앞에 나와 간증을 한다. 또한 수시로 교제를 통해 신앙 갈등을 해소하고, 하나님의 은혜를 체험한다.

여섯째: 국제청소년연합(IYF) 활동으로 미래 지도자를 키운다. IYF는 해외

에서 더 알려졌다. 매년 수십 개 국에서 월드캠프 행사 및 20개 국 이상 청소년부장관이 참여하는 국제포럼을 개최한다.

이 외에도 많다. 특히 담임목사를 존경하고 따르며 진정한 하나님의 종으로 인정한다. 또한 누구나 목사님께 요청하면 늘 신앙교제 해주고 성도를 진실로 섬기는 자세에서 예수님 모습을 발견한다!

7) 어떤 사람에게 회개와 믿음, 구원이 임하는가?

신앙은 회개에서 출발한다. 회개는 단순히 "하나님 잘못 했습니다. 앞으론 다시는 안 그럴 테니 용서해 주세요." 하는 것이 아니다. 회개는 그동안 나를 바라보던 삶에서 돌이켜 하나님만을 바라보는 것이다. 그리고 자기를 철저히 부인하는 것이다. 회개는 세상에서 돌이켜, 아버지께 돌아오는 것이다. 그러나 회개도 내가 원한다고 마음대로 되는게 아니다. 하나님이 회개하는 은혜를 주셔야 한다. 그래서 성경에는 "네가 하나님의 인자하심이 너를 인도하여 회개케 하심을 알지 못하여, 그의 인자하심과 길이 참으심을 멸시 하느뇨(롬2:4)?" 즉 자기를 부인하고, 하나님이 회개케 해 주시길 기도해야 한다.

그러면 어떤 사람에게 회개할 수 있는 은혜를 주시는가? 먼저 자기의 무능함과 무익함을 발견한 사람이다. 마음이 높아서 "나는 잘 할 수 있다. 내가 최고다."라는 마음이 꽉 있으면, 하나님이 일하실 공간이 없다. 하나님께 은혜를 입은 사람은 모두 자기를 부인하고 마음을 비운 사람이다. 돌아온 탕자, 강도 만난 자, 간음하다 현장에서 잡힌 여자, 우물가의 사마리아 여인, 베데스다 연못가의 소경 등 모두 예수님 외에 다른 길이 없던 분들이다. 그래서 회개는 자기불신이다. 자기를 비워야 하나님의 음성이 들린다. 자기를 떠남이 회개요, 말씀만을 듣는 것이 믿음이다.

그런데 다른 교회 교인은 자기마음을 비우지 않고, 입으로만 회개한다. 자기 생각을 믿지 않고, 하나님 중심으로 결정하면 책임도 그분이 진다. 그러나 타 교인은 말만 회개하며, 믿는다고 하면서도 여전히 자기 생각대로 산다. 그러니 믿음의 역사가 없다. 베드로가 예수님을 3번 부인한 후에는 철저한 회개와 하나님의 말씀만 듣는 사람으로 바뀌었다. 그것이 진짜 회개다. 이런 회개와 더불어 예수님의 피가 내 죄를 영원히 씻었다고 마음에 믿으면 구원받는다. 따라서 회개와 믿음을 통해 구원 받으면, 하나님의 자녀가 된다. 이런 신앙은 나는 쉬고 예수님이 일하시는 세계이다.

사실 진정한 회개가 안 되면 신앙에 전혀 진척이 없고 항상 원위치다. 나도 일반교회 다닐 때 죄의 문제로 큰 고통을 겪었지만, 반복회개로 죄 씻기만 했다. 원죄는 예수님이 씻었고 매일 짓는 자범죄自犯罪는 매일 회개로 씻어야 된다고 들었으니, 하루도 죄에서 자유로울 수가 없었다. 즉 예수님의 피로 영원히 내 죄를 사함은 성경에만 있었다. 매일 새벽에 일어나 집 또는 교회에 가서 기도해도 죄가 다 씻기질 않아 고통스러웠다. 나중에는 "나만 그런가? 옆 사람도 마찬가지니 될 대로 되라." 하는 자포자기의 심정이 되었다. 지금 돌아보면 모두 사단의 장난에 놀아났었다. 나는 그런 고통 속에 방황하는 분들을 위해 이글을 쓴다.

철저한 회개 없이 복음을 믿게 되면, 자기 생각에 따라 오락가락해서 하나님이 일을 못하신다. 그래서 구원받은 사람도 하나님의 역사가 일어나지 않은 사람이 많다. 전기는 전선을 따라 흘러가서 세탁기 등을 돌리듯이 하나님과 성도는 마음이 서로 흘러야 된다. 신앙은 하나님과 마음이 통하는 것이다. 포도나무가 가지에 붙어서 진액을 받아야 열매 맺는다. 일반교회의 많은 사람들은 자기 마음대로 살면서 하나님의 열매 맺길 바란다. 하나님과 마음이 흐르고 서로 교제를 나누면 큰 기쁨이 넘친다. 하나님은 내 수고와 짐을 예수님께 믿음으로 맡기고 늘 안식하길 원하신다.

　이처럼 신앙은 넘기는 것이다. 내 죄악, 수고, 계획, 장래 모두를 하나님께 넘기고 교류하는 것이다. 그 첫 단계가 회개이다. 참된 회개와 안 되면 여전히 예전 삶의 연속이다. 후회와 반성 수준에 머무른다. 베드로는 "너희가 회개하여 각각 예수그리스도의 이름으로 세례를 받고 죄사함을 얻으라. 그리하면 성령을 선물로 얻으리니(행2:38)" 하여 회개로 자기를 포기하고 세례와 더불어 예전 나를 장사 지내고, 죄사함으로 구원되어 거룩한 성령의 임재 즉 하나님 아들이 된다고 하였다. 즉 진정한 회개는 하나님의 자녀가 되는 시발점이요, 믿음의 삶과 구원에 이르는 지름길이다!

8) 나의 신앙상태는 구약과 신약 어느 시대에 있는가?

예수님은 세상에 메시아로 오셨다. 이는 자기백성을 죄에서 건질 구세주라는 뜻이다. 그런데 예수를 믿는다고 하면서도 죄에서 해방되지 못하였다면 예수와 상관없는 사람이다. 그런 분들에게 예수님은 "나더러 주여 주여 하는 자마다 천국에 다 들어갈 것이 아니요. (중략) 내가 도무지 너희를 알지 못하니 불법을 행하는 자들아 내게서 떠나가라(마8:21~)."

고 하였다. 천국은 자기 의가 아니고 예수님 의를 가지고 믿음으로 가며, 죄인은 전혀 못 간다. 믿음이 없다면 막연하게 "내가 열심히 하면 되겠지."라며 행위로 돌아간다. 이번에는 구약과 신약의 차이점을 통해 신앙을 점검해 본다.

구약과 신약은 빛과 어둠처럼 신앙상태가 분명히 나뉜다.

구약	신약	신약의 특징
아담: 죄 세상 들어옴 (롬 5:19), 신분상 죄인	예수: 세상 죄사함 (롬5:21), 은혜와 영생	아담 죄 → 예수 해결
율법 (심판대 인솔, 롬3:19)	은혜	율법: 죄를 깨달음 은혜: 대가 아닌 공짜
행위	믿음	믿음으로 의롭게 됨
성막 속죄소	마음속의 속죄소	마음죄를 예수 피로 씻음
어린양 피	예수의 피	1회 속죄→ 영원 속죄
죄인	의인으로 됨	예수 피→ 믿음으로 의인
시간계 (인간세상: 과거, 현재, 미래)	영원계 (하늘나라: 현재만 존재)	영원계 대비: 시간계는 순간에 속함
자기 중심 신앙 (자기 생각 반응)	하나님 중심 신앙 (성경 말씀 적응)	이전 나: 십자가에 죽고 → 예수부활, 거듭남, 영생
카인의 제사(창4:1~) (땅의 소산 = 저주, 사단)	아벨의 제사 (양의 피, 기름)	아 벨: 예수 피, 성 령 → 하나님 기뻐하는 제사

구약	신약	신약의 특징
심판, 어둠	도피성, 빛	예수: 죄의 피난처, 영원한 빛
두려움, 불안	안식처, 평안	마음의 상태
지옥, 죄, 사망	천국, 복음, 생명	죄인과 의인: 차별화
에서의 신앙(창27:1~) (자기 열심, 행위, 보상)	야곱의 신앙 (어머니 리브가 = 은혜)	순종: 예수 축복, 공짜
불완전, 임시, 순간	영원함, 온전: 다 이루었다(마19:30)	예수 믿음: 완전한 의
외양, 겉모양 중시	마음, 생각 중점(히10:16)	죄: 마음 판 죄 씻음 → 죄 없는 곳: 성전
결론: 행위, 율법, 죄, 심판, 어둠, 지옥	은혜, 복음, 해방 구원, 빛, 하늘나라	* 하나님이 예수님을 통하여 은혜 주심

나는 앞의 분석을 통하여 많이 놀랐다. 하나님은 빛과 어둠처럼 우선 명확히 나누신다. 중간지대, 검은색과 흰색을 섞은 중간은 없다는 것이다. 위의 내용에 대한 결론은 예수님이다. 그분으로 인해 내가 구원 받으면 나머지는 모두 따라온다. 이 얼마나 놀라운 일이고 사건인가? 그래서 복음이라고 한다.

신앙은 예수님이 일하시고 나는 쉬며 안식을 누리는 것이다. 그분이 내 대신에 일하시고 이끄는 것을 너무나 감사드린다! 인간들은 실적이나 행위로 평가하지만 하나님은 마음의 중심을 본다. 우리는 긍휼과 은혜를 구하는 위치에서 하나님의 눈으로 나를 봐야 한다. 구약은 죄와 율법과 사망의 그늘에 있었으나 신약의 새로운 약속은 예수님을 통해 생명과 은혜와 구원의 삶으로 바꿔 놓았다! 할렐루야♬

9) 길은 먼저 걸어간 사람 뒤를 따름이 가장 쉽다

나는 군 생활 때 한시를 읽으며 큰 감동을 받았다. 조선시대 서산대사의 시조를 백범 김구 선생이 쓴 붓 글씨였다.

踏雪野中去(답설야중거) 눈 덮인 광야를 지나갈 때
不順胡亂行(불순호란행) 발걸음을 어지럽히지 마라.
今日我行跡(금일아행적) 지금 걸어가는 내 발자취는
遂作後人程(수작후인정) 뒤에 오는 사람의 이정표가 되므로.

지금 읽어 보아도 감동에 젖는다. 백범 선생은 독립운동을 하며 위와 같은 삶을 살려고 하셨다. 그분의 삶과 일치하기에 의미가 있지 만일 조세형 같은 좀도둑이 썼다면 어떠했을까?

이처럼 세상사는 겉모양과 실적을 중시한다. 비록 부모나

선생이 모범적인 삶을 살려 해도, 지나보면 후회가 크다. 나는 그 당시에는 최고의 선택을 했어도, 시간이 지나면 잘못한 일이 훨씬 많았다. 신앙의 길에도 내가 단독으로 잘하려면 계속 시행착오를 겪는다. 그러나 먼저 그 길을 걸어간 분이 경험담을 알려주며 하라는 대로 하면 쉽다. 야곱이 아들 요셉이 총리가 되어 애굽으로 불렀을 때 바로 왕에게 자기 삶을 돌아보며 "내 나그네 길의 세월이 일백삼십 년이나 험악한 세월을 보내었나이다(창47:9)."라며 고백하였다. 오늘의 나를 표현했다는 마음이 든다.

야곱은 이삭의 둘째 아들로 태어나 형 에서의 미움을 받아 밧단아람으로 도망가서 외삼촌 라반에게 14년을 봉사하고 아내 레아와 라헬을 데리고 왔다. 이후 가장 사랑하는 아들 요셉이 형제들에 의해 애굽으로 팔려가서 애통해하는 등 130년의 삶이 험악했다고 하였다. 그러나 야곱은 애굽 총리 요셉을 만나는 순간 모든 고통이 끝나고 평안하게 남은 여생을 마쳤다. 요셉은 예수 그리스도의 그림자로서 야곱과 그 아들이 요셉을 만나지 않았다면, 7년 가뭄으로 인한 고통은 계속되었을 것이다. 신앙생활도 어떤 스승을 만나느냐에 달려있다. 타락한 교회의 특성은 사람을 높인다. 우리는 하나님을 믿고 예수님을 따르는 사람이다. 그러나 그분이 모든 복의 근원이라는 믿음이 없을 때는 눈에 보이는 사람을 따르고 높일 수밖에 없다. 기쁜소식교회는 내용과 형식에서 크게 다르다.

첫째: 사람에게 기대를 걸거나 실망하지 않았다. 우리가 구원받고 거듭났어도 육신은 사단의 지배하에 있기에 잘못할 수 있다. 그래서 성도가 혹시 중대한 실수를 해도 연연치 않고 받아준다.

둘째: 목사님 설교에 간증이 주류이다. 성경 말씀과 신앙 간증이 주요 소재이므로, 실제적 도움이 된다. 많은 교회는 위인들의 얘기와 본인도 못하는 것을 지키라는 율법주의에 빠져 있다.

셋째: 성도 사이에 진정한 교제가 있다. 많은 교회는 장년회 모임 등에 가 봐도 대부분 세상얘기로 보낸다. 복음으로 거듭나지 않았으니 당연하다. 하지만 이곳에는 속맘을 다 털어 놓고 교제한다.

넷째: 담당 목사님이 먼저 실행하고 나처럼 해보라고 한다. 내 생각을 버리고 믿음을 가지고, 말씀을 따르라고 하며 그 결과에 대해 다 같이 기뻐한다. 베드로와 바울처럼 먼저 모범을 보인다.

다섯째: 교회 모든 역량을 선교와 복음사업에 쏟는다. 하나님의 제일 관심은 말씀 전파이다. 예수님이 부활승천하면서 마지막 당부도 "땅 끝까지 내 증인이 되라(행1:8)."였다. 우리를 구원하여 이 땅에 두신 목적도 복음전파에 있다.

나는 신앙 모범 사례로 위의 말씀이 살아 있는 교회를 소개한다. 그곳에는 신선함과 역동성이 있다! 우리는 예수님의 삶을 따르면 된다. 내가 중심이 되어 삶을 살면 변화가 없지만 신앙의 선배를 따라 가기만 해도 된다. 혼자서는 안 된다. 그러기에 교회 '하나님의 종'의 인도를 받아야 한다. 우리가 볼 때는 힘들고 어려운데 박 목사님은 늘 "아! 나는 정말 행복하다. 감사하다. 신앙은 즐겁다!"라고 하시는 모습을 보면 내가 갈 길이 보인다. 예수님은 그리스도의 몸이요, 우리는 지체이다. 따라서 신앙인은 주의 종의 음성을 듣고 주 안에서 교제를 나누며 격려와 질책으로 함께 가는 길이다!

10) 건설일용근로자가 신앙을 갖게 되면

어떤 유익이 있는가?

육체노동을 해 보면 우리가 얼마나 편하게 사는지 알게 된다. 청소와 유리창 닦는 일도 하루 종일 하면 허리가 뻐근해지고 무척 힘든 것을 안다. 건설현장에서 각종 먼지를 마시고 건축 폐자재를 나르며, 시멘트와 모래를 개는 등 일을 하면 육체적 고통을 잊기 위해서라도 술 한 잔 해야 한다. 또한 건설일용근로자는 따뜻한 시선으로 바라보는 사람도 많지 않다. 그분들과 눈높이를 맞추게 되면 충분히 이해된다.

하지만 일하는 이면의 대화를 나눠보면 내일에 대한 희망 없이 사는 사람이 많다. 나는 그분들을 위해 이 글을 쓴다. 자 그럼 신앙은 어떤 좋은 점이 유익한가?

사람은 누구나 자기가 유리한 방향으로 움직인다. 당장은 어려워도 저축하거나 시험합격을 위해 공부하기도 한다. 그렇게 눈에 보이는 일은 비교적 쉽게 움직이지만 신앙은 내면의 일이기에 비중을 적게 둔다. 일용근로자는 상처와 좌절 받은 분들이 많다. 세상에서 무슨 일을 실패하거나 성공해 본 경험이 많지 않은 분들이다. 문제는 지금의 마음 상태가 어떤가이다. 신앙은 나를 비우는 과정이기에 오히려 자신감보다 부족함, 못난 자기를 발견해야 한다. 예전의 나를 완전히 뽑아내어 예수님으로 채우면 그분이 일을 한다. 그런데 자기를 과신하는 사람은 자기를 믿고 산다.

세상은 자기를 믿으라고 교육한다. 그러나 잘 안 되어 실패자, 낙오자가 훨씬 더 많다. 그러면 될 때까지 계속하라고 한다. 물론 안 되면 말고다. 그때는 본인의 무능 때문이라고 한다. 사실은 환경, 사회적 제도, 타인 등에 인한 변수가 더 많다. 신앙은 그럴 필요가 없다. 내면의 문제이기에 하나님과 1대1 상태이고 나의 문제를 잘 알고 있다. 그래서 개별 컨설팅과 맞춤 서비스가 가능하다. 실상은 많은 분들이 하나님을 잘 모르며 예수님이 나의 죄 짐을 해결했다는 말에 관심이 없다. 세상에서 너무 흔히 듣는 말이라 면역이 되었다. 그러나 진짜는 그렇지 않다.

나는 일용근로자가 가장 신앙과 밀접하다고 믿는다. 각종 사업과 삶에서 쓰라림을 맛 본 분들이다. 세상사가 내 맘대로 안 된다는 점도 잘 알고 있다. 이제는 내 마음대로 살아서 좌절하고 실패했으니 다른 마음으로 살아보길 권유한다. 사람은 누구나 성공하길 원한다. 그러면 역사상 가장 성공한 분은 누구인가? 당연히 예수님이다. 그분은 하나님의 외아들이고 전 세계에 10억 명 이상 예수를 믿는 신자를 두고 있다. 예수님도 말씀하시길 "너희가 무엇이든지 아버지께 구하는 것을 내 이름으로 주시리라(요16:23)." 또한 "무엇이든지 기도하고 구하는 것을 받은 줄로 믿으라. 그러면 그대로 되리라(막11:24)."는 능력의 하나님이시다.

사람들은 십자가에서 비참하게 죽은 예수님만 생각하기에, 그분이 천지우주를 만든 하나님인지 모른다. "만물이 그로 말미암아 지은 바 되었으니, 지은 것이 하나도 그가 없이는 된 것이 없느니라(요1:3)." 그런 전지전능한 분을 나는 믿는다. 우리는 예수님을 과거 죄만 해결한 째째한 분으로 오해하고 있다. 이 얼마나 답답한 노릇인가? 그러니 그분의 능력과 우리는 무관한 것이다. 만일 대통령이 나를 믿고 후원한다면 어떨까? 아마도 무소불이의 힘을 발휘할 것이다. 하지만 우리는 그분을 잘 모른다. 예수님을 진면목을 알고, 그분을 제대로 믿으면 능력이 함께한다.

누가복음 15장의 '돌아온 탕자'가 우리 모습이다. 아버지는 모든 것을 준비하고 기다리는데 아들은 배고픔을 견디며 돼지우리에서 생활한다. 그 아들이 회개하고 아버지께 돌아가면 놀라운 체험을 할 것이다. 아버지의 모든 귀한 보화와 유산이 아들 것이 된다. 내 삶이 무척 달라진다. 우리가 나의 모든 죄에서 예수님의 피로 죄 사함 받으면 하나님의 자녀되고 나의 행위와 무관하게 나를 축복해 주신다. 나의 모든 일을 축복하시면, 세상에 무서운 일이 없다. 천지우주를 만든 하나님이 내 짐을 대신 져 주신다면 나는 마음 편안히 안식을 누리면 된다! 할렐루야♪

EPILOGUE

그동안 숨 가쁘게 달려왔다. 10년 전부터 막연하게 품었던 "나도 책을 쓰고 싶다!"는 희망이 현실화되었다. 나는 원래 이런 책을 출간할 능력이 안 되는 사람인데 하나님의 은혜와 주변분들의 도움으로 여기까지 왔다. 작년에는 고용서비스 우수인증기관 준비와 사이버신학교 공부 등으로 시간이 없었는데 금년이 되니 갑자기 마음이 여유가 생겼다. 상기 두 사항을 잘 마무리 했으니 이때가 아니면 이 글을 못 쓸 것 같아 지난 6개월 동안 집중하였다. 보통 밤 10시가 넘어 사무실에서 퇴근하면 취침시간은 자정이 넘었고, 새벽 3시 40분이면 매번 동일하게 기상하여 출근하였다.

당연히 힘들고 어려웠지만 업계 최초의 글을 쓴다는 사명감으로 임했다. 또한 일드림협회 홍보이사로서 외부에 일용근로자와 인력업소 실상을 알릴 좋은 기회가 될 것으로 믿었다. 하지만 처음 가는 길이 결코 순탄하지는 않았다. 막상 시작해 보니 목차 정하기도 마땅치 않았고 일용근로자 13명 인터뷰도 쉽지 않았다. 본인 이야기가 다뤄진다는 점을 부담스럽게 생각했다. 그래서 "걱정하지 마셔요. 이름은 가명으로 처리할 겁니다. 사람들에게 우리도 평범한 이웃사람이며 누구나 일용근로자가 될 수 있다는 점을 알릴 필요가 있습니다. 일반인들의 편견을 조금이라도 바꿀 수 있는 기회이니 도와주십시오!"라며 간곡히 부탁해 동의를 받았다. 그분들은 누구보다 열심히 살았고, 다만 마음에 한과 정이 많은 한국인이다!

2부에 나의 삶을 언급한 것은 부족한 지면을 보충하는 방편이었다. 누군가 힘겨운 사람에게 희망을 주길 바란다.

3부 신앙생활 기록은 관심 있는 분들의 일독을 권한다. 다음엔 1부 인력 관련 부문만으로 보완하여 책을 출간할 것을 약속드린다. 첫 작품이니 여러모로 미흡하나 부디 따뜻한 시선으로 읽어 주시길 빌며….

2014년 7월 초 나의 일터에서

저자 김한성

땀 흘리는 사람들의 이야기

도서출판 행복에너지 대표이사 **권 선 복**

하루하루를 성실히 사는 사람들을 보면 괜한 부끄러움이 들 때가 있습니다. 그 성실함의 대가가 아주 작다면 더욱 부끄럽습니다.

같은 사회 구성원으로서 안타까움을 느끼는 건, 저뿐만이 아닐 겁니다. 김한성 대표의 책을 만들면서 '아, 이분도 나와 같은 심정이구나.' 했습니다.

김한성 대표는 대학원까지 마치고 한때 잘나가던 사업가였습니다. 그러나 세상은 그의 안락함을 그대로 허락하지 않았습니다.

하루아침에 김한성 씨는 인력사무소의 잡부가 되어 '날일'을 해야 하는 처지에 놓입니다.

김한성 대표는 한숨만 내쉬지 않았습니다. 그 고난을 정면으로 돌파했습니다. 미련하리만치 땀을 흘리며 일하는 중에도 자신의 앞날을 설계하고 개척했습니다. 그는 하느님의 힘이었다고 말하지만, 그의 성실함을 익히 알아온 저는 "그래서 하늘은 스스로 돕는 자를 돕는 겁니다."라고 했습니다.

책장을 넘기면 그의 땀 냄새가 납니다. 어린 시절, 풍족하지 않은 가정에서 꿋꿋하게 살았던 일이며 어렵게 대학 진학과 대학원까지 마친 그의 여정이 감동을 줍니다.

김한성 대표가 새로운 힘을 발휘하려나 봅니다. 나만을 위해 사는 삶이 아닌 우리가 사는 삶을 위해 힘을 쓰려나 봅니다.

이미 그의 OK 인력사무소는 다른 인력사무소와 차별화되었고, 근로자들이 신뢰하는 곳으로 자리매김했습니다. 또한 (사)건설일용 근로자 일드림협회에서도 중책을 맡고 있습니다. 근로자들의 가려운 곳을 긁어주고 권익을 찾겠다는 정의로운 마음입니다.

자신이 현장 인부로 땀을 흘려봤기에 누구보다도 그 속내를 잘 알고 있는 사람. 수많은 역경을 의지와 땀으로 극복해 온 사람. 나는 김한성 저자의 미래를 믿습니다. 그것은 우리 사회의 미래를 믿는 것과 같습니다.

많은 분이 이 책을 통해 땀의 의미를 되새기고 진정한 행복에너지를 충전하시길 기원드리겠습니다.

『긍정의 힘』 2탄 공저자를 모집합니다!

개요

1. 공동 저자: 총 36명

2. 책 전체 분량: 380쪽 내외(1인당 10쪽 내외)

3. 원고 분량: A4용지 5장(글자크기 10포인트, 줄 간격 160%)

4. 경력(프로필): 10줄 이내

5. 사진: 자료사진 3매, 사진 설명 20자 미만

6. 신청 및 원고 접수: 수시 마감

7. 출간 예정일: 연 3회

긍정, 행복, 성공에 관한 이야기를 독자들에게 전하고 나눌 수 있는 내용의 원고를 자유로운 형식으로 작성하여 제출해 주시면 행복에너지 소속 전문 작가가 독자들이 읽기 편하도록 전반적인 윤문과 교정교열을 할 예정입니다.(원고는 ksbdata@daum.net 으로 송부해 주시기 바랍니다.)

책 발행비용은 100만 원이며 저자에게 발행 즉시 100부를 증정합니다. 발행비용은 신청 시 50만 원, 편집완료 시 50만 원을 '국민은행 884-21-0024-204 도서출판 행복에너지 권선복'으로 입금해 주시면 되겠습니다.

자세한 문의는 언제든지 하단의 전화, 이메일을 통해 연락을 주시면 성실히 답변을 드리오며 원고 내용이나 책에 관해 궁금하신 분들은 도서 『긍정의 힘』을 직접 참조해 주시기 바랍니다.

도서출판 행복에너지: www.happybook.or.kr
대표이사 권선복
HP: 010-8287-6277   Tel: 0505-613-6133   E-mail: ksbdata@daum.net

소리(전 8권)

정상래 지음 | 각 권 13,500원

쏟아져 나오는 책은 많지만 읽을거리가 없다고 탄식하는 독자들이 많다. 그렇다면 근대 한국사에 담긴 우리 한恨의 정서에 관심이 있다면, 대하소설의 참맛에 대해 잘 알고 있다면, 정말 제대로 된 작품을 읽어볼 요량이라면 이 소설은 독자를 위한 더할 나위 없는 선물이자 생을 관통할 화두가 되어 줄 것이다.

조영탁의 행복한 경영이야기 세트(전 10권)

조영탁 지음 | 각 권 15,000원

행복한 성공을 위한 7가지 가치, 그 모든 이야기를 담은 『조영탁의 행복한 경영이야기』 전집은 자신은 물론 타인의 삶까지 행복으로 이끄는 '행복 CEO'가 되는 길을 제시한다. 다양한 분야에서 칭송을 받아온 인물들의 저서에서 핵심 구절만을 선별하여 담았다. 저자는 이를 '촌철활인寸鐵活人(한 치의 혀로 사람을 살린다)'으로 재해석하여 현대인이 지향해야 할 삶의 태도와 마음에 꼭 새겨야 할 가치를 제시한다.

명세지재들과 함께한 여정

강 형(康洞) 지음 | 432쪽 | 값 25,000원

이책은 평생을 교육자로 살아온 강형 교수의 회고록이다. 1부는 오직 교육자의 길만을 걸어온 저자의 지난날의 대한 회상을 중심으로, 제자들과 함께한 그 열정의 여정에 대해 이야기한다. 2부는 저자에게 가르침을 받은 명세지재들의 옥고(玉稿)를 담고 있다. 이 책은 진정한 교육자의 길은 무엇인지 알려주고 대한민국 교육계의 미래를 위해 우리가 해야 할 일은 무엇인지에 대해 명쾌히 전하고 있다.

공부의 모든 것

방용찬 지음 | 서한샘 추천감수 | 304쪽 | 15,000원

30년 동안 유수의 명문 학원에서 강사와 원장으로 활동하며, 학원 교육 분야에서 일가를 이뤄온 방용찬 원장의 책 『공부의 모든 것』은 학생들이 자신의 공부법에 대한 문제점을 객관적으로 진단할 수 있도록 구성되어 있다. 교육을 매개로 저자와 한 가족과 다름없는 친분을 맺어온 학원가의 대부, 한샘학원 설립자 서한샘 박사의 감수와 적극적인 추천은 그 신뢰성을 더한다.

한설

장한성 지음 | 372쪽 | 값 15,000원

시대를 대표하는 문인 '김승옥 소설가'가 추천하는, 장한성 공인회계사의 첫 소설! 한 번도 전문적으로 글을 배운 적 없는 저자가 백 일 만에 써낸 작품이라고는 믿기지 않을 만큼 거침없는 전개로 독자의 시선을 사로잡는다.
"한 시대를 살아온 청년들의 고뇌와 사랑을 담았다는 것만으로도 가치 있는 소설이다." – 김승옥(소설가)

이것을 알면 부자된다

이정암 지음 | 416쪽 | 값 25,000원

풍수대가 '운정도인 이정암'이 전하는, 학문에 근거한 '부자 되는 비결'을 담은 『이것을 알면 부자 된다』는 일상생활 중 아파트, 주택, 일터, 사무실 등에서 출입문과 침실, 주방, 책상의 각 방위가 상생하는지 여부와 본인의 명궁을 비교하여 생기복덕궁을 통한 왕기로써 부자가 되는 비법을 전한다. 경영자는 물론 일반인도 부자의 꿈을 실현할 수 있는 방안을 제시한다.

결국 그들은 당신을 따른다

정태영 지음 | 316쪽 | 값 15,000원

극심한 경쟁 속에서도 우뚝 서고 탁월하게 빛나는 '브릴리언트 리더'가 되고 싶은가. 21세기 리더가 갖춰야 할 덕목이 무엇인지, 앞으로 무엇을 해야 하는지 궁금한가. 그렇다면 이 책에 담긴 '심리경영 핵심스킬 34가지'를 확인하고 학습해 보자. 상하 모두에게 인정을 받는, 능력 있는 리더로 거듭나는 자신을 발견할 수 있을 것이다.

학교가는 공무원

김영석 지음 | 304쪽 | 15,000원

『학교가는 공무원』은 교육행정공무원으로서 사명을 다해 온 저자가 현직 공무원의 열정과 철학을 담은 책이다. 인생역정을 에세이 형식으로 풀어나가는 초반부를 통해 자신의 교육관, 직업관, 인생관이 어떠한 과정을 통해 형성되었는지를 설득력 있게 제시하고 이를 통해 교육행정공무원으로서의 올바른 표상이 무엇인가를 보여준다.

사랑하는 나의 어머니

정진우 지음 | 344쪽 | 값 15,000원

101세의 일기로 떠나보낸 어머니와의 평생, 그 눈물겨우면서도 감동적인 여정! 가정의 달 5월을 맞아, 그 이름 부르기만 해도 마음이 편해지고 힘든 이 세상에서 편히 쉬기 하는 삶을 유일한 안식처 '어머니'를 노래하다! 서울대 의과대학을 졸업하고 현재 뉴욕에서 비뇨기과를 운영하고 있는 저자의 첫 에세이로, 독자의 마음에 잔잔하게 퍼지는 온기를 전할 것이다.

33인의 명강사 스타강사

서필환 외 32인 공저 | 364쪽 | 값 18,000원

시대를 대표하는 문인 '김승옥 소설가'가 추천하는, 장한성 공인회계사의 첫 소설! 한 번도 전문적으로 글을 배운 적 없는 저자가 한 달 만에 써낸 첫 소설이라고 믿기지 않을 만큼 거침없는 전개로 독자의 시선을 사로잡는다! 한 시대를 살아온 청년들의 고뇌와 사랑을 담았다는 것만으로도 가치 있는 소설이다.

마음이 아름다우니 세상이 아름다워라

이 채 지음 | 224쪽 | 값 13,500원

저자는 이 시집에서 우리가 늘 살아가고 있는 이 세상을 노래하였다. 우리는 늘 세상을 긍정적으로 바라보고 타인을 존귀하게 대해야 한다고 배우지만 힘겨운 세상살이 속에서 말만큼 쉽게 되는 일은 아니다. 이채 시인은 바로 의미를 깨달을 수 있는 쉬운 문장들을 독자에 마음에 점자처럼 펼침으로써 읽은 이 스스로가 마음을 매만지게 한다.

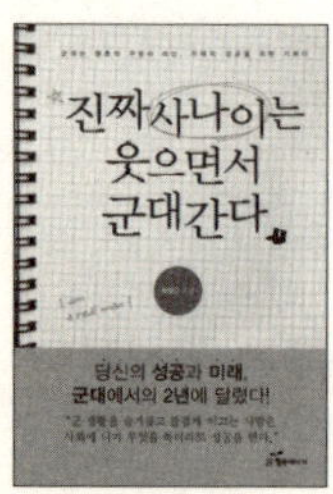

진짜사나이는 웃으면서 군대간다

박양근 지음 | 240쪽 | 값 13,800원

군대 얘기만 나오면 좌절하고 겁부터 먹는 젊은이들. 하지만 그런 나약한 정신과 태도로는 한평생을 살며 아무것도 이룰 수 없다. 이 책은 군 입대를 앞둔 젊은이들이 어떤 태도를 가지고 군대에 가야 하는지, 군대에서는 무엇을 어떻게 해야 하는지, 또 제대할 때는 무엇을 얻어 전역해야 하는지를 도와줄 것이다.